프랑스어 발음연습

김진수

머리말

이 책은 프랑스어의 발음을 체계적으로 연습해보는 것을 목표로 만들었다.

프랑스어는 발음이 어렵다는 말을 흔히 듣는다. 「프랑스어 발음연습」에서는 현대 프랑스어에 사용되는 여러 소리들의 특성을 파악하고 철자와의 관계를 살펴보며, 정확하게 발음하고 청취할 수 있도록 하려고 한다.

1. 철자법만으로는 잘 알 수 없는 프랑스어의 실제 발음 형태를 익혀 정확한 발음과 아울러 회화능력을 기르게 한다.
2. 프랑스어의 음성자료를 통한 청취 및 발음 훈련을 한다.

위의 두 가지 목적을 달성하기 위해서는 음성독본을 통한 발음훈련과 청취 및 전사(轉寫)훈련도 해야 하는데, 이 같은 연습도 이 책을 통해 할 수 있을 것으로 생각한다.

유쾌한 프랑스어 학습의 동반자가 되기를 바란다.

김 진 수

차 례

머리말

I. 알파벳의 발음 ·· 7

    철자기호 ··· 10

    모음 도표 ··· 10

    프랑스어의 발음 ··· 11

        모음, 반자음, 자음, 연음, 유음 h와 무음 h, 모음생략

    발음연습 1 ·· 17

        주의할 사항, 복합모음, 비모음, 자음의 발음, 연음

    발음연습 2 ·· 25

        알파벳과 프랑스인의 이름

II. 음운별로 하는 발음연습 ·· 27

III. 음성기호 발음연습 ·· 239

부록 ·· 252

알파벳의 발음

II

알파벳의 발음

A	a	[a]	N	n	[ɛn]
B	b	[be]	O	o	[o]
C	c	[se]	P	p	[pe]
D	d	[de]	Q	q	[ky]
E	e	[ə, e]	R	r	[ɛːr]
F	f	[ɛf]	S	s	[ɛs]
G	g	[ʒe]	T	t	[te]
H	h	[aʃ]	U	u	[y]
I	I	[i]	V	v	[ve]
J	j	[ʒi]	W	w	[dubləve]
K	k	[ka]	X	x	[iks]
L	l	[ɛl]	Y	y	[igrɛk]
M	m	[ɛm]	Z	z	[zɛd]

알파벳은 위에서 보는 것처럼 26자이지만 프랑스어가 가진 소리는 38종이다. 이 38음소를 분류해 보면 모음 16, 자음 19, 반자음 3으로 나눠볼 수 있다.

철자 기호

[´]	l' accent aigu	é
[`]	l' accent grave	à, è, ù
[^]	l' accent circonflexe	â, ê, î, ô, û
[¸]	la cédille	ç
[¨]	le tréma	ë, ï, ü
[']	l' apostrophe	j'ai
[-]	le trait d'union	est-il

모음 도표

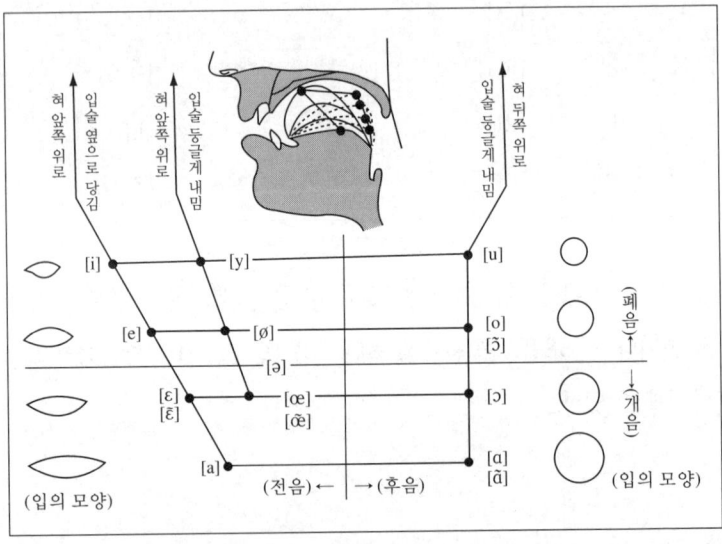

프랑스어의 발음

음의 종류는 모음과 자음으로 구별되는데 프랑스어에는 이들의 중간 성질인 반자음 - 혹은 반모음 - 이 있다.

1 모음

모음은 구강모음과 비모음으로 구분되며, 비모음은 콧소리를 동반하는 모음이다.

(1) [a] 와 [ɑ]

[a]는 앞쪽에서 나는 소리이며 [ɑ]는 입 안쪽에서 나는 소리이다. 그러나 현재 [a]로 통일되는 경향이 있다.

(2) [e] 와 [ɛ]

[e]는 폐음으로 입을 작게 열고 앞쪽에서 소리내는 반면 [ɛ]는 입을 좀더 크게 열고 [e]보다 아래쪽에서 소리를 낸다.

(3) [o] 와 [ɔ]

위의 [e]와 [ɛ]처럼 입의 여는 정도에서 차이가 난다.

(4) [y]

우리말의 [위]와 비슷한 소리이고, 휘파람을 불 때처럼 입을 동그랗게 앞으로 내밀면서 소리를 낸다.

(5) [ø]

[œ]와 비슷하지만 폐음이다. 혀는 [e], 입술은 [o]를 내는 요령으

로 소리를 내는데, 우리말에서는 비슷한 음을 찾을 수 없지만 대략 [외]의 입모양으로 [으]소리를 내면 비슷해진다.
(6) [œ]
혀는 [ɛ], 입술은 [ɔ]를 내는 요령으로 하여 소리를 내며, 우리말의 [왜]와 비슷한 소리다.
(7) [ɑ̃][ɛ̃][ɔ̃]
각각 우리말의 [앙] [엥] [옹]소리와 유사하다.

② 반자음 [j][w][ɥ]

위의 소리는 [j][w][ɥ]의 소리가 모음의 역할을 완전히 하지는 못하고 다음 음으로 짧게 연결하는 것이다.

특히 [모음+j]가 마지막 음이 될 때에는 [i]소리가 끝에서 [으]소리가 되도록 발음한다.

③ 자음

(1) [p][t][k][s]
    위의 자음들은 우리말의 경음 [ㅃ][ㄸ][ㄲ][ㅆ]에 해당하는 소리들이다.
(2) [ɲ]
    [n]이 변질된 소리로서 혀의 양쪽 끝과 입천장에서 내는 소리로

「비녀, 공룡」 등의 두 번째 음절 소리이다.

(3) [r]

우리에게 가장 어려운 음 가운데 하나인데 우리말의 [ㄹ]이나 [ㅎ]과는 다르며 편의상 [ㄹㅎ]으로 표기할 수도 있을 것이다. 소리를 내는 방법은 혀를 굴려서 내는 방법과 혀를 아래로 숙여 목젖을 울려 내는 방법이 있다. 어렵다고 생각하지 말고 원어민 선생님의 발음을 잘 듣고 반복해서 따라해 보자.

4 연음(liaison)

연음이란 단어의 발음되지 않는 끝 자음이 뒤에 오는 단어, 어두, 모음이나 무음h와 만나 발음되는 것이다.

(1) **연음과 발음 변화**

① -d, -g는 [t] [k]로 된다.

grand ami[grɑ̃tami]   long été[lɔ̃kete]

② -x, -s는 [z]로 된다.

des amis[dezami]   dix amis[dizami]

③ -f는 [v]로 된다.

neuf heures[nœvœːr]

(2) **반드시 연음을 해야 하는 경우**

① 관사 (+형용사) +명사

les hommes[lezɔm]　　les anciens amis [lezɑ̃sjɛ̃zami]

② 부사+형용사

　　très aimable[trɛzɛmabl]

③ 전치사(+관사)+명사, 혹은 전치사+대명사

　　en automne[ɑ̃nɔtɔn]　　dans une heure[dɑ̃zynœːr]

　　après elle[aprɛzɛl]

④ 접속사 quand, 관계대명사 dont 뒤에서

　　quand il pleut…[kɑ̃til…]　dont on parle…[dɔ̃tɔ̃ parl]

⑤ 주어대명사+동사, 혹은 동사+주어대명사

　　ils aiment[ilzɛm]　　ont-elles…[ɔ̃tɛl…]

⑥ 조동사+과거분사

　　Je suis allé…[ʒəsɥizale…]

(3) 연음해서는 안 되는 경우

① 명사주어+동사

　　M. Vincent / est arrivé…　　le briquet / est…

② 단수명사+형용사

　　un savant / aveugle

③ 도치된 주어 ils, elles 다음에서

　　Sont-ils / arrivés…?

④ 접속사 et 다음에서

un livre et / une plume.

⑤ 유음 h 앞에서

les / héros

⑥ 숫자 cent 다음, 혹은 huit, onze 앞에서

cent / un   les / huit   les / onze

5 유음 h와 무음 h

무음 h로 시작하는 단어는 마치 모음으로 시작하는 단어처럼 취급해 모음생략이나 연음이 되고, 유음 h로 시작하는 단어는 자음으로 시작하는 단어처럼 취급한다.

※ 유음 h라 해서 h자체의 소리가 있는 것은 아니다. 사전에서 +표가 앞에 붙어 있는 것이 유음 h이다.

le hôtel → l'hôtel [lɔtɛl]   호텔   le hache [ləɑʃ]   도끼

6 모음 생략(élision)

프랑스어에서는 모음이 거듭해서 나오는 것은 대개의 경우 회피한다. 그래서 앞 단어가 모음으로 끝나고 그 다음 어휘가 모음이나 무음 h로 시작되면 축약된다.

① 정관사   le, la   l'hôtel, l'usine
② 지시대명사   ce   c'est…

③ 인칭대명사	je	J'aime
	te	Je t'aime
	le/la	Je l'aime
	me	Tu m'aimes
	se	Il s'est promené···
④ 전치사	de	d'usine
⑤ 접속사	si	s'il (그러나, si elle)
⑥ 의문대명사	que	qu'est-ce que c'est?
⑦ 접속사	que	···qu'on doit···
⑧ 관계대명사	que	···qu'on a···

발음연습 1

1 주의할 사항

(1) 단순모음(voyelles simples)의 발음

a   e   i   o   u   y

[a] [ə] [i] [o] [y] [i]

(2) 악썽(accents)이 붙은 경우의 발음

accent aigu(´) é   accent grave(`) à, è, ù

accent circonflex(^) â, ê, î, ô, û

bébé, été, égalité, pré,   mère, là, où, âme,

아기 여름 평등 작은목장 어머니 거기 어디 영혼

pâle, tête, rêve, île, pôle, mûre

창백한 머리 꿈 섬 극지점 뽕나무열매

(3) c 다음에 a, o, u가 오면 [k], e, i, y가 오면 [s]로 발음되고 cédille(ç)는 항상 [s]로 발음된다.

café, cacao, code, cube, ceci, célébrité,

카페 카카오 법규 입방체 이것 명성

ancêtre, ça, façade, maçon, leçon, reçu

조상 그것 정면 석공 학과 영수증

(4) g 다음에 a, o, u가 오면 [g], e, i, y 가 오면 [ʒ]로 발음된다. 그리고 gu도 [g]로 발음된다.

bagage,　　golfe,　　légume,　　girafe,　　général,　　gêne,
짐　　　　　만(灣)　　야채　　　　기린　　　일반적인　　불편
figure,　　figue,　　guide,　　guéable,　　géologie
형상　　　무화과　　가이드　　건널 수 있는　　지질학

(5) qu는 항상 [k]로 발음된다.

qualité,　　quinine,　　marqué,　　quête
질　　　　　키니네　　　표시된　　　탐색

(6) bb, cc, ff, ll, mm, nn처럼 자음이 중첩된 경우에는 하나의 자음처럼 발음하고, 길게 끌거나 된소리를 내지 않는다.

abbé,　　occupé,　　village,　　pommade,　　bonne,
사제　　　바쁜　　　　마을　　　　포마드　　　　하녀
opposé,　　assidu,　　attaque
상반된　　　끈기있는　　공격

(7) ch는 [k]와 [ʃ] 두 가지로 발음이 된다.

[ʃ] : charité,　　cheminée,　　machine,　　chêne
　　　자비심　　　　굴뚝　　　　　기계　　　　떡갈나무
[k] : chaos,　　écho,　　choléra
　　　혼돈　　　　메아리　　콜레라

(8) gn[ɲ]는 우리말의 「비녀, 공룡」의 제 2음절 「ㄴ」소리로 이른바 구개음화된 「ㄴ」소리이다.

signature,   signe,   magnifique,   ignoré
서명   기호   훌륭한   알려지지 않은

(9) ph는 항상 [f]로 발음된다.

phare,   photographie,   téléphone
헤드라이트   사진   전화

(10) rh는 [r]로 발음된다.

rhume,   Rhône
감기   론강(江)

(11) sc는 [sk] 또는 [s]로 발음된다.

[sk] : scarlatine,   scolastique
       성홍열   스콜라 학파의

[s] : scène,   scie
      무대   톱

(12) th는 [t]로만 발음된다.

[t]: thé,   méthode,   thème
     차   방법   주제

② 복합모음

(1) ai, aî, ei는 [e] 또는 [ɛ]로 발음된다.

quai,   faire,   maître,   naître,   neige
강둑   하다   스승   태어나다   눈(雪)

(2) au, eau는 [o] 또는 [ɔ]로 발음된다.

faute,　　　maudire,　　　beauté,　　　bateau

실수　　　　저주하다　　　아름다움　　　선박

(3) eu, œu는 [ø] 또는 [œ]로 발음된다.

bleu,　　neveu,　　feu,　　neuf,　　vœu,　　bœuf

푸른　　　조카　　　불　　　새로운　　소원　　소

(4) ou는 [u]로 발음된다.

mouche,　　cou,　　étourdi

파리　　　　목　　　경솔한

(5) oi는 [wa]로 발음된다.

moi,　　moineau,　　roi

나　　　참새　　　　왕

③ 비모음

(1) an, am, en, em는 [ã]로 발음된다.

tante,　　distance,　　danse,　　jambe,　　lampe,

숙모　　　거리　　　　춤　　　　다리　　　램프

tendance,　　empire,　　tempête

경향　　　　제국　　　폭풍우

(2) in, im, ain, aim, ein, yn, ym는 [ɛ]로 발음된다.

vin,   fin,   limpide,   main,   bain,   faim
포도주 끝   투명한   손   목욕   허기

(3) un, um는 [œ̃]로 발음된다.

lundi,   importun,   brun,   parfum,   humble
월요일   귀찮은   갈색   향수   겸손한

(4) on, om는 [ɔ̃] 로 발음된다.

non,   bon,   bombe,   pompe
아니오 좋은   폭탄   펌프

(5) ien은 [jɛ̃]로 발음된다.

combien,   lien
얼마나   끈

④ 자음의 발음

(1) 유음의 h는 연독을 하지 않으며 관사의 축약 현상도 일어나지 않는다.

유음 (h aspiré) : le héros, la hache, le hibou, les haches
              영웅   도끼   올빼미   도끼들

무음 (h muet) : l'habitude, l'histoire, l'hiver,
             습관   역사   겨울

(2) s는 모음 사이에서는 [z]로 발음된다.

[s] : santé, sensible, assidu, parasol
건강　감수성이 있는　꾸준한　파라솔

[z] : rose, oiseau, musique
장미　새　음악

(3) ti는 [ti]와 [si] 두 가지로 발음된다.

[ti] : parti, modestie, amitié, question
정당　겸손　우정　질문

[si] : diplomatie, action, prononciation, ambitieux
외교　동작　발음　야심있는

(4) x는 여러 가지로 발음된다.

[ks] : texte, luxe, fixe, sexe
텍스트　사치　고정된　성

[gz] : exemple, exilé, exotique
예　추방된　외국의

[k] : exception, excessif
예외　지나친

[z] : deuxième, dix-neuf
두 번째의　19

[s] : soixante
60

(5) il로 끝나는 단어의 발음은 [il]로 되기도 하고 [ij]처럼 반모음으로 발음되기도 한다.

[il] : avril, péril, fil, cil
　　　4월　　위험　　실　　속눈썹

[i] : fusil, sourcil, outil, gentil
　　소총　　눈썹　　연장　　친절한

[ij] : famille, fille, vieil
　　　가족　　　딸　　늙은(남성 제2형)

ail, aill [aj] : travail, bataille
　　　　　　　　일　　　　전쟁

ueil, ueill [œj] : orgueil, cueillage
　　　　　　　　오만　　　　수확

euil, euill [œj] : fauteuil, feuille
　　　　　　　　안락의자　　나뭇잎

(6) [r]은 영어의 [r]이나 우리말의 [ㄹ]과는 발음 방법이 다르다. 목젖을 울려서 소리를 내야 하므로, 혀의 위치는 아래로 처지게 된다.

⑤ 연음(Liaison)

petit‿homme,　　cinq‿enfants,　　　mon‿ami
작은 사람　　　　다섯 어린이　　　　내 친구

s, x [z] : pas à pas,   deux hommes
d [t] : grand effort,   quand on voit
g [k] : long oubli,   sang impur
f [v] : neuf ans

발음연습 2

아래 도표에 나타난 이름들을 가지고 발음 연습을 해보자. 왼쪽은 여성, 오른쪽은 남성의 이름이다. 이 중에는 「셀린느」나 「프랑스와즈」처럼 우리가 흔히 들을 수 있는 이름도 있고, 「조에」처럼 우리에게 비교적 생소한 이름도 있다. 역시 소리를 내어 크게 읽어 보자.

알파벳과 프랑스인의 이름

	여성	남성		여성	남성
A	Anne	André	N	Nicole	Noël
B	Barbara	Benoît	O	Odile	Olivier
C	Céline	Casimir	P	Pauline	Philippe
D	Denise	Denis	Q	-	Quentin
E	Éva	Éric	R	Rose	René
F	Françoise	Frédéric	S	Sylvie	Serge
G	Gisèle	Guy	T	Thérèse	Thomas
H	Hélène	Henri	U	Ursule	Urbain
I	Isabelle	Irénée	V	Véronique	Vincent
J	Julie	Jérôme	W	-	-
K	-	Kléber	X	-	Xavier
L	Louise	Luc	Y	Yvette	Yves
M	Marie	Michel	Z	Zoé	-

memo!

음운별로 하는 발음연습

II

a

il · elle	a, tu as	…를 가지고 있다
	à	…에서

ab

(a) il · on	abat	쓰러뜨리다
(s')	abattre	무너뜨리다 (쓰러지다)
(an) je vais	abandonner	그만두겠다
(e) une	abeille	꿀벌
(s')	abaisser	내리다(낮아지다)
(i) un	habit	옷, 의복
(s')	habiller	옷을 입히다 (입다)
je suis	habile	능숙하다
(s')	abîmer	망가뜨리다(망가지다)
une	habitation	거주, 거처
un, en	habitant	주민, …에 살면서
une	habitude	습관
être	habitué	익숙해지다

	je vais	aborder	착수하겠다, 접근하겠다
on	l'	abondance	풍부함, 풍성함
oi	il va	aboyer	개가 짖으려한다
r	un	abri	피난처, 보호소
	(s')	abriter	보호하다
s	être	absent	자리를 비우다
		absolument	절대적으로
u		abuser	남용하다, 지나치다

ac

e		accueillir	접대하다, 맞이하다
o	un	accordéon	아코디언
	(s')	accorder	일치시키다(일치하다)
		à côté	바로 옆
		à cause de	… 때문에
oi		à quoi	… 때문에, …에
	un	aquarium	어항, 수족관
on	je vais	accompagner	동반하다, 반주하다
		accomplir	실행하다

(ou)		accourir	달려오다
(r)	un	acrobate	공예사
	(s')	accrocher	고리에 걸다(걸리다)
(s)	je vais	accélérer	가속하겠다
	je vais	accepter	받아들이겠다
	un	accent	악센트, 말투
	un	accident	사고
	une	action	행동
(t)	un	acte	행위, 동작
	il est	actif	그는 적극적이다
	une	activité	활동, 활력
	un	acteur	배우
	il est	actuel	현재의 일이다
	c'est	actuel	현재의 일이다
		actuellement	현재, 지금
(u)	(s')	accuser	비난하다, 드러내다

ach

un	achat	구입, 구매

je vais	acheter	나는 사겠다
j'ai	acheté	나는 샀다
je(il)	achète	나(그)는 산다
une	hache	도끼
il va	achever	그는 완수할 것이다

ad

	adieu	안녕, 고별인사
	admirer	경탄하다
	adorer	열렬히 사랑하다
une	adresse	주소
	adroit	능숙한

aé

il faut	aérer	환기시켜야 한다
il(on)	a été	…였다

af

il(on)	a fait	…를 했다

(e)		affectueux	다정한, 정다운
	une	affaire	일, 사업
(i)	une	affiche	포스터, 걸개 그림
(in)		afin	…하기 위해
(r)	c'est	affreux	끔찍한 일이다

ag

(a)		agacer	짜증나게 하다
(r)		agréable	유쾌한, 쾌적한
	un	agriculteur	농부

a.i

de l'	ail	마늘
	aïe! j'ai mal	아야! 아프다
	ailleurs	다른 곳

aj

(e)	l'	âge	나이
	être	âgé, âgée	나이든

		à genoux	무릎을 꿇고
an	un	agent	요원, 경찰관
	un	agent de police	경찰
i		agile	민첩한
	(s')	agir	움직이다(…에 관계되다)
	(s')	agiter	흔들다(흔들리다)
ou	il faut	ajouter	더해야 한다

al

		à la	…에서
b	un	album	앨범
c	l'	alcool	알콜
an	en	allant	…에 가면서
e	je suis	allé, allée	나는 갔다
	je vais	aller	나는 가겠다
	il	allait	그는 가고 있었다
	une	allée	오솔길
	l'	haleine	입김
	l'	alerte	경계, 경보

34 II.음운별로 하는 발음연습

f	l'	alphabet	알파벳
i	un	aliment	식품
	(s')	aligner	줄지어 놓다(정렬하다)
m	être	allemand	독일인이다
o		alors	그래서, 그리고
on	nous	allons	우리는 간다
	(s')	allonger	늘이다(길어지다)
ou	une	alouette	종달새
t		halte!	스톱!
u	(s')	allumer	불을 붙이다(점화되다)
	une	allumette	성냥
	l'	aluminium	알루미늄
	l'	allure	걸음걸이

a.m

a	un	amateur	애호가
an	une	amende	벌금
e	je vais	amener	내가 데려오겠다
	il	amène	그가 데려간다

		a	
a	c'est	amer	씁쓸하다
	être	américain	미국인이다
i		ami, amie	친구
		amical	우정어린
	l'	amitié	우정
o	un	hameau	작은 마을, 촌락
ou	l'	amour	사랑
s	un	hamster	햄스터
u	(s')	amuser	즐겁게 하다(즐기다)
		amusant	즐거운, 재미있는

		a.n	
e	un	âne	당나귀
	une	année	1년
i	un	animal	동물
	c'est	animé	생기있다, 활발하다
	les	animaux	동물(복수형)
	l'	anniversaire	생일
gn	un	agneau	새끼양

(o)	un	anneau	반지
	un	anorak	모자달린 파카
(on)	il va	annoncer	그는 알릴 것이다
(u)		annuel	연례행사인

ap

(a)	un	appareil	기계
		apparaître	나타나다
	un	appartement	아파트
		appartenir	…에 속하다
(e)	(s')	appeler	…를 부르다(이름이 …이다)
		à peu près	거의
	je m'	appelle	내 이름은 …이다
	un	appel	호출, 전화통화
		à peine	거의
	(s')	apercevoir	보다(알아차리다)
	(un)	aperçu	얼핏보기, 개요
	l'	appétit	식욕
(i)		à pied	걸어서

(in)	l'	appendicite	맹장염
(l)		aplatir	평평하게 하다
	une	application	적용, 응용
	(s')	appliquer	응용하다
		applaudir	박수갈채를 보내다
(o)		apporter	갖고 오다
(r)		après	…다음에
	l'(un)	après-midi	오후
		apprendre	배우다, 익히다
	j'ai	appris	나는 알았다
	(s')	approcher	가깝게 하다

at

(a)	(s')	attaquer	공격하다, 대들다
	il	attaque	공격한다
	je vais	attacher	붙잡아 매겠다
(e)	un	atelier	작업실
(an)	je suis	à temps	늦지 않게 가겠다
	il(on)	attend	그는 기다린다

38 II.음운별로 하는 발음연습

		attendre	기다리다
		attention	주의
	il est	attentif	그는 주의깊다
	une	attente	기다림
i	je vais	attirer	유인하겠다
in		atteindre	…에 도달하다
m	l'	atmosphère	공기, 대기
o		atomique	원자의
r	je vais	attraper	붙잡겠다
		à travers	…를 가로질러

a.u

il	a eu	그는 갖고 있었다

ar

	l'	art	예술
a	être	arabe	아랍인이다
		arracher	뽑다
an	je vais	arranger	내가 정리하겠다

b	un	arbitre	심판, 조정자
	un	arbre	나무
	un	arbuste	소관목
c	un	arc	활
	un	arc-en-ciel	무지개
ch	un	architecte	건축가
d	une	ardoise	석반석, 슬레이트
e	une	araignée	거미
	un	arrêt	멈춤, 정지
	(s')	arrêter	세우다(서다)
i	un	haricot	강낭콩
		arrière	…의 뒤에
	l'	arrivée	도착
		arriver	도착하다
j	l'	argent	돈, 은(銀)
	l'	argile	점토
m	une	arme	무기
	l'	armée	군대, 병력
	une	armoire	장롱, 옷장

(o)	je vais	arroser	물을 뿌리겠다
		as	
(an)	je vais	assembler	내가 모으겠다
	un	ascenseur	승강기
(e)	c'est	assez	충분하다
		assécher	말리다
(i)	je suis	assis	앉아있다
	(un)	acide	맛이 신, 산성의
	de l'	acier	강철
	une	assiette	접시
	je vais	assister	참석하겠다
(o)	il va	assommer	그는 죽이려한다
(oi)	(s')	asseoir	앉게하다(앉다)
(p)	un	aspirateur	진공청소기
(t)	un	astre	천체, 별
(u)	l'	assurance	보험
	(s')	assurer	단언하다(확언하다)

av

(a)	il va	avaler	그는 삼키려한다
	une	avalanche	눈사태
(an)		avant	…앞에
		avant-hier	그저께
	une	avance	전진
	je vais	avancer	앞서나가겠다
	une	aventure	모험
(e)	vous	avez	당신은 …을 갖고 있다
	il	avait	그는 …을 갖고 있었다
		avec	…와 함께
	une	averse	소나기, 폭우
		avertir	알리다
(eu)		aveugle	맹인
	l'	avenir	미래
	une	avenue	대로, 큰길
(i)	un	avis	의견
	un	avion	비행기

	nous	avions	우리는 …을 갖고 있었다
o	un	avocat	변호사
oi	de l'	avoine	귀리
		avoir	…을 갖고 있다
on	nous	avons	우리는 …을 갖고 있다
ou	il va	avouer	그는 고백하려 한다
r		avril	4월

az

le	hasard	우연

ba

(-) c'est	bas	낮다
il	bat	그는 싸운다
(c) un	bac	대학입학자격시험
(g) les	bagages	여행짐
une	bagarre	싸움판, 소란
une	bague	반지
une	baguette	바게트 빵
(i)	bâiller	하품하다
(l) une	balle	공
un	bal	무도장
une	balance	균형, 저울
(se)	balancer	규칙적으로 흔들다(흔들리다)
un	balançoire	그네
un	balcon	발코니
je vais	balayer	비로 쓸다
un	balai pour balayer	빗자루
une	baleine	고래

	un	ballon	큰 공
n	une	banane	바나나
r	un	barrage	댐
	une	barre	막대기, 빗장
	la	barbe	수염
	une	barque	배, 보트
	une	barquette	작은배
	une	barrière	울타리
	un	barreau	창살, 철책
s		basse	낮은(여성형)
	un	bassin	저수탱크
t	une	bataille	전투
	un	bâtiment	건물
		bâtir	건물을 짓다
	un	bateau	배, 선박
	un	bâton	몽둥이
	(se)	battre	때리다(서로 싸우다)
	j'ai	battu	내가 때렸다
v		bavard	말이 많은

	il va	bavarder	그는 수다를 떨려고 한다
z	un	bazar	시장

ban

-	un	banc	벤치
c	une	banque	은행
d	une	bande	띠, 밴드
	un	bandit	강도

be-beu

	un	bœuf	소(牛)
	du	beurre	버터
	j'ai	besoin	나는 …가 필요하다

bé-bè

b	un	bébé	아기
c	un	bec	새의 부리
ch	une	bêche	삽, 가래
l	elle est	belle	그녀는 예쁘다

	il est	belge	그는 벨기에인이다
	un(une)	Belge	벨기에인
	la	Belgique	벨기에
n	le	bénéfice	이익, 은혜
gn	un	beignet	튀김요리
	(se)	baigner	물에 적시다(목욕하다)
	une	baignoire	욕조
r	un	béret	베레모
	un	berger	양치는 목동
	une	bergère	목동(여성형)
	un	berceau	요람
s	(se)	baisser	내리다(몸을 숙이다)
t	une	bête	동물
	la	bêtise	멍청한 짓
	le	bétail	가축
	du	béton	콘크리트
	une	betterave	사탕무우
z	un	baiser	키스

bi

-	une	bille	구슬
a	le	billard	당구
b	une	bibliothèque	도서관, 서재
c	un	bic	볼펜 상표
e	un	billet	표, 티켓
	la	bière	맥주
f	un	bifteck	비프스테이크
in	c'est	bien	좋은 일이다
		bien sûr	물론
		bientôt	곧
j	un	bijou	보석
s	un	biscuit	비스킷
	une	bicyclette	자전거
z		bizarre	이상한
	la	bise	뽀뽀
	un	bison	들소

48 II.음운별로 하는 발음연습

bin

	le	bain	목욕

bl

(a)	une	blague	허풍, 농담
(an)		blanc	흰색의
		blanche	흰(여성형)
		Blanche-Neige	백설공주
(eu)		bleu	푸른색의
(e)	du	blé	밀
	(se)	blesser	다치게하다(상처를 입다)
	il est	blessé	그는 다쳤다
	une	blessure	상처
(o)	un	bloc	덩어리, 묶음
(on)		blond	금발의
(ou)	une	blouse	블라우스
	un	blouson	잠바

		bon	
-	c'est	bon	좋은 일이다
	un	bon	교환권(ticket)
	un	bond=bondir	뛰어오름, 도약
b	une	bombe	폭탄
	un	bonbon	사탕
d		bondir	뛰어오르다
j		bonjour	안녕(아침, 낮 인사말)
s		bonsoir	저녁인사
t	la	bonté	선 (善)

		bo	
-	c'est	beau	멋지다
c	un	bocal	항아리, 어항
		beaucoup	많이
i	un	bol	주발, 사발
n		bonne	좋은(여성형)
	le	bonheur	행복

	un	bonnet	헝겊모자
	un	bonhomme	착한사람, 녀석
r	le	bord	가장자리
	la	bordure	가장자리 장식
s	une	bosse	혹, 곱사등
	un	bosquet	작은 숲
t	une	botte	장화
	la	beauté	아름다움
x	la	boxe	복싱

boi

-	du(un)	bois	숲, 목재
	je(tu)	bois, il boit	마시다
r		boire	마시다
s	une	boisson	음료
t	une	boîte	상자, 캔
		boiter	다리를 절다
v	eux,ils	boivent	그들이 마시다

bou

-	le	bout	끝, 종말
	de la	boue	진흙
c	un	bouquet	꽃다발
	une	boucle	버클, 고리
ch	la	bouche	입
	(se)	boucher	막다, 봉하다(막히다)
	le	boucher	정육점 주인
	la	boucherie	정육점
	un	bouchon	병마개
i		bouillir	끓다
	un	bouillon	거품
j	ça va	bouger	움직일 것이다
	une	bougie	양초
l	une	boule	공 모양의 것
	le	boulanger	빵집주인
	un	bouleau	자작나무
	un	boulevard	대로, 큰길

52 II.음운별로 하는 발음연습

(m)		boum!	쾅, 쿵
(r)	un	bourgeon	새싹
	le	bourgmestre	중소도시 시장(市長)
(s)	(se)	bousculer	뒤집어놓다(서로 밀다)
(t)	une	bouteille	병, 술병
	une	boutique	가게
	un	bouton	단추

br

(a)	un	bras	팔
	un	bracelet	팔찌
		brave	용감한
		bravo	브라보
(an)	une	branche	나뭇가지
(e)	une	brebis	암양
	des	bretelles	가죽끈, 멜빵
		bref	짧은, 간결한
(i)	une	brique	라이터
		brillant	빛나는

	il va	briller	빛을 발할 것이다
	(se)	briser	부수다(깨지다)
(un)		brun	갈색의
(in)	un	brin	새싹
(o)		broder	수를 놓다
	une	brosse	솔, 브러시
	une	brosse à dents	칫솔
(on)	les	bronches	기관지
	(se)	bronzer	검게 태우다(선탠을 하다)
(ou)	le	brouillard	안개
	un	brouillon	초안, 초고
(ui)	le(du)	bruit	소음, 시끄러움
(u)	ça va	brûler	불태울 것이다
	une	brûlure	불에 뎀, 화상
	la	brume	안개
		brunir	갈색을 띠게하다
		brusquement	거칠게, 갑자기
	il est	brutal	그는 난폭하다

bu

-	il a	bu	그는 마셨다
ch	une	bûche	장작
	un	bûcheron	벌목 인부
f	un	buffet	찬장, 뷔페
i	un	buisson	덤불, 수풀
l	une	bulle	거품
	un	bulldozer	불도저
	le	bulletin	보고서
r	un	bureau	사무실, 서재
s	le	bus	버스
t	un	but	목표, 표적

can

-		quand	언제
	un	camp	야영장, 캠프
g	un	kangourou	캥거루
m		quand même	아무튼
p	la	campagne	시골, 전원
	je vais	camper	캠핑을 하겠다
	le	camping	캠핑
t	la	cantine	구내식당
	une	quantité	양, 분량

ca

b	une	cabane	오두막집
	une	cabine	작은 공간, 전화박스
c	du	cacao	카카오
	une	cacahuète	땅콩
ch	(se)	cacher	숨기다(숨다)
	à	cache-cache	숨바꼭질

56 II. 음운별로 하는 발음연습

	une	cachette	은신처
d	un	cadavre	시체
	un	cadenas	자물쇠
	un	cadeau	선물
	un	cadre	틀, 뼈대
f	un	café	커피, 카페
g	une	cagoule	두건, 복면
i	un	cahier	노트
	un	caillou	조약돌
j	une	cage	새장
l	un	calcul	계산
	je sais	calculer	나는 셈할줄 안다
	un	calendrier	달력
	la	qualité	질, 품질
	(se)	calmer	가라앉히다 (조용해지다)
		calme	조용한, 차분한
m	un	camarade	동료, 친구
	un	camion	트럭
n	un	canal	운하, 수로

	un	canard	오리
	un	canari	카나리아
	une	canne	지팡이
	un	canif	주머니칼
	un	canot	카누, 보트
	un	canon	대포
ou	du	caoutchouc	고무, 고무제품
p		capable	능력있는
	le	capitaine	대위, 선장
	le	capot	보닛, 덮개
	un	caprice	변덕
	un	capuchon	두건, 후드

car

		car	고속버스
-		car	고속버스
	le	quart	1/4
a	une	carabine	소총
	le	caractère	성격, 기질
	un	caramel	캐러멜

58 II.음운별로 하는 발음연습

	une	caravane	대상(隊商), 무리
(an)		quarante	40
(d)	un	quart d'heure	15분
(f)	un	carrefour	네거리
(e)	un	carré	정방형
	je vais	caresser	쓰다듬겠다
(l)	le	carrelage	타일깔기
(n)	le	carnaval	카니발
	un	carnet	수첩
(o)	un	carreau	바둑판 무늬
	une	carotte	당근
(ou)	un	carrousel	기마곡예
(p)	une	carpe	잉어
(t)	une	carte	카드, 지도, 명함
	un	cartable	책가방
	un	quartier	동네, 구역
	un	carton	판지, 종이

cas

un	casque	철모, 헬멧
une	casquette	챙달린 모자
je vais	casser	깨뜨리겠다
une	casserole	냄비

cat

une	catastrophe	재앙
	quatorze	14
	quatre	4
	quatre-vingts	80

cav

une	cave	지하창고
un	cavalier	말타는 사람, 기사

que-queu

	que	(관계대명사)

	une	queue	꼬리
		cueillir	따다, 채취하다
	le	cœur	심장, 하트

qué-què

●	un	quai	강둑, 강변
❶		quel	무슨
		quelle	무슨(여성형)
		quelques	약간의
		quelque chose	어떤 것
		quelquefois	이따금
		quelqu'un	누군가
❷	un	képi	군인·경찰의 모자
❸	une	caisse	금고, 카운터
		qu'est-ce que c'est?	무엇이지요?
	une	question	질문

qui

		qui	누구

		qui est-ce?	누구세요?
		qu'il	그는…
	un	kilo	킬로그램
	un	kilomètre	킬로미터
		quitter	떠나다

quin

		quinze	15

cl

a		claquer	쾅하는 소리가 나다
	la	clarté	명료함, 선명함
	une	classe	학급
e	une	clé	열쇠
		clair	밝은, 맑은
	une	clairière	숲속의 빈터
i	un	client	고객, 손님
	le	climat	날씨
	une	clinique	개인병원

(o)	une	cloche	종(鐘)
	un	clocher	종루, 종탑
	une	clochette	작은 종
	la	clôture	울타리
(ou)	un	clou	못, 징
	un	clown	어릿광대

co

(b)	un	cow-boy	카우보이
(c)	un	coq	수탉
		coquet	환심을 사려는
	une	coquille	조개껍질
(x)	une	coccinelle	무당벌레
(ch)	un	cochon	돼지
(f)	un	coffre	트렁크
(l)	un	col	깃, 칼라
	de la	colle	풀
	un	collant	스타킹
		coller	풀칠하다

une	collection	컬렉션
un	collège	중학교
la	colère	화, 분노
un	colis	소포
un	collier	목걸이
une	colline	언덕
une	colonne	원주, 기둥
je sais	colorier	색칠할 줄 안다
(m)	comme	…처럼
	comment	어떻게
je vais	commander	주문하겠다
ça va	commencer	곧 시작한다
la	comédie	희극
le	commerce	상업
	comique	코믹한
les	commissions	수수료
	communal	읍, 면, 동의
je vais	communiquer	의사소통을 하겠다
(n)	connaître	알다

(gn)	il va	cogner	부딪치게 된다
	c'est	connu	알려진 일이다
(p)	il va	copier	복사하려 한다
	une	copine	여자친구
	un	copain	친구
(r)	le	corps	몸, 신체
	une	corbeille	바구니
	un	corbeau	까마귀
	une	corde	끈, 줄
	le	cordonnier	구두수선공
	une	correction	수정, 교정
	la	correspondance	교신, 환승
	je vais	corriger	수정하겠다
	une	corne	뿔
	un	cortège	행렬
(s)	un	cosmonaute	우주비행사
	un	costume	의상, 정장
(t)	une	côte	갈비뼈
	le	côté	옆구리, 옆

	un	quotidien	일간지
	du	coton	면, 면제품
z	la	cause	이유
	il va	causer	환담을 나누려한다

coi

		quoi	무엇
	le	coiffeur	이발사, 미용사
	une	coiffure	이용, 미용

coin

	un	coin	구석
	il est	coincé	구석에 몰렸다

con

-		qu'on	…한 누구
b		combattre	싸우다
		combien	얼마나
c	un	concours	경쟁시험, 후원

d	un	conducteur	운전사
		conduire	이끌다
	la	conduite	인도, 안내
f	une	conférence	회의
	la	confiance	신뢰
	la	confiture	잼
	le	confort	안락, 쾌적
j	un	congé	휴가
	la	conjugaison	동사변화

con.p

a	la	compagnie	회사
i		complet	완전한
		complètement	완전하게
o	la	compote	과일 설탕 조림
r		comprendre	이해하다
	j'ai	compris	나는 이해했다

con.s

e	un	conseil	충고, 권고
	un	concert	콘서트
	(se)	conserver	보관하다(유지하다)
i	le	concierge	건물관리인
		considérer	…라고 여기다
o	(se)	consoler	위로하다(마음을 달래다)
	je vais	consommer	완성하겠다
t	je vais	constater	확인하겠다
		construire	세우다, 건축하다
	une	construction	건설

con.t

a	un	comptage	셈, 계산
e	un	conte(de fée)	동화
	le	compte	계산(=calcul)
		contenir	포함하다
	je vais	compter	계산하겠다

(an)		content	만족해하는
(i)	ça va	continuer	계속된다
(r)		contre	…에 반대하여
		contraire	반대의
	un	contrôle	통제

con.v

(e)	une	conversation	대화

cou

(-)	un	coup	일격, 때리기
	le	cou	목
(ch)	le(se)	coucher	잠들기(눕다)
	le	coude	팔꿈치
(d)	le	coudre	바느질하다
(l)	ça va	couler	(물이)흐르게 된다
	la	couleur	색깔
	un	couloir	복도, 통로
(p)	je vais	couper	자르겠다

	une	coupure	절단
r	la	cour	운동장, 뜰
	c'est	court(courte)	짧다
	il	court	그는 달린다
	le	courage	용기
	le	courant	(물,전기 등의)흐름
		courir	달리다
	une	couronne	왕관, 화관
	la	course	경주, 경매
	il a	couru	그는 달렸다
s	un	coussin	쿠션
t	ça va	coûter	값이 나가게 된다
	un	couteau	칼
	la	couture	바느질
v	c'est	couvert	덮였다
	une	couverture	이불
		couvrir	덮다
z	un(une)	cousin, cousine	사촌

cr

(a) un	crabe	게
ça va	craquer	삐거덕거리게 된다
il va	cracher	침을 뱉으려 한다
un	crapaud	두꺼비
une	cravate	넥타이
(e) une	craie	백묵
	créer	만들다
une	crèche	탁아소
un	crayon	연필, 크레용
de la	crème	크림
une	crêpe	크레프
le	crépuscule	석양, 황혼
c'est	creux	속이 비었다
(eu) je vais	creuser	구멍을 뚫겠다
il va	crever	곧 터진다
(i) un	cri	고함, 외침
je vais	crier	외치겠다

71

j'ai	crié	나는 외쳤다
un	crime	범죄
la	crinière	동물의 갈기
du	cristal	수정, 수정제품
une	crise	위기
un	chrysanthème	국화
(in)	craindre	우려하다
(o) il va	croquer	와작와작 소리를 낸다
un	crocodile	악어
un	crochet	고리, 걸쇠
(oi) une	croix	십자가
il	croit	그는 믿는다
	croire	믿다
il va	croiser	마주쳐 지나간다
(ou)	croûte	빵껍질
(u) j'ai	cru	나는 믿었다
une	cruche	항아리
il est	cruel	잔인한

cu

(i)		cuit, cuite	구운
	une	cuillère	숟가락
	du	cuir	가죽
	je vais	cuire	구울 것이다
	une	cuisse	넓적다리
	la	cuisine	부엌, 요리
(l)	une	culotte	짧은 바지
		cultiver	경작하다
(r)	il est	curieux	호기심이 있다

cha

(-)	un	chat	고양이
(c)		chaque	매번의
		chacun	각자
(g)	du	chagrin	슬픔
(l)	un	châle	숄
	la	chaleur	열기

73

ⓜ	un	chameau	낙타
ⓟ	le	chaperon	두건, 예복의 어깨띠
	un	chapeau	모자
ⓡ	du	charbon	석탄
	un	charcutier	돼지고기 장사
	une	charrette	짐수레
	un	chariot	슈퍼마켓의 수레
		charger	짐을 안기다
		charmant	매혹적인
ⓢ	la	chasse	사냥
	un	chasseur	사냥꾼
	un	châssis	틀, 샤시
ⓣ	une	chatte	암코양이
	une	châtaigne	밤
	un	château	성(城)
		chatouiller	간지럽히다

chan

ⓒ	un	champ (de blé)	밭(밀밭)

74 II.음운별로 하는 발음연습

	le	chant	노래
b	une	chambre	침실
j		changer	바꾸다
	un	changement	변화
p	un	champignon	버섯
	le	champion	챔피언
	du	champooing	샴푸, 머리감기
s	la	chance	기회, 행운
	une	chanson	노래
t		chanter	노래하다
	un	chanteur	가수
	une	chanteuse	여가수

che

m	la	cheminée	굴뚝, 벽난로
	une	chemise	와이셔츠
	un	chemin	길
n	une	chenille	애벌레, 송충이
v	un	cheval	말(馬)

75

	un	chevalier	말타는 사람
	les	cheveux	머리카락
	une	cheville	쐐기, 볼트
	les	chevaux	말(복수형)

chi

c	c'est	chic	멋지다
	la	chicorée	꽃상추
f	un	chiffon	낡은 헝겊
	un	chiffre	수치, 숫자
in	un	chien	개
	une	chienne	암캐
m		chimique	화학적인
n		chinois	중국인, 중국의
gn	un	chignon	쪽진 머리
p	des	chips	감자칩
r	un	chirurgien	외과의사

cho

(-) c'est	chaud	덥다
(c) un	choc	충격
du	chocolat	초콜릿
(d)	chaude	더운(여성형)
une	chaudière	보일러, 가마솥
(f) le	chauffage	난방
(m) le	chômage	실업(失業)
(r) un	short	짧은 바지
(s) la	chaussée	차도, 도로
(se)	chausser	신기다(신다)
une	chaussette	양말
un	chausson	실내화
une	chaussure	신발

choi

le	choix	선택
	choisir	고르다

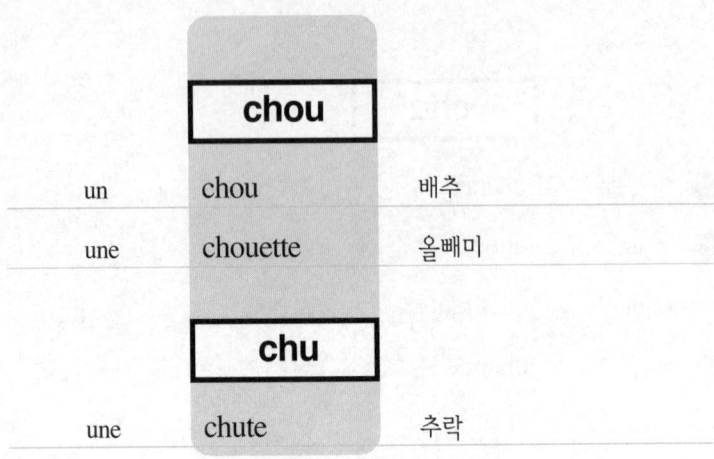

	chou	
un	chou	배추
une	chouette	올빼미
	chu	
une	chute	추락

da

b		d'habitude	일상적으로
		d'abord	우선
c		d'accord	o.k
i		d'ailleurs	그 외에도
l	une	dalle	타일
	je viens	d'aller	방금 떠났다
m	une	dame	부인

dan

-		dans	…안에
	une	dent	이빨
s	la	danse	무용
	je sais	danser	춤출줄 안다
	un	danseur	무용수
	une	danseuse	무용수(女)
t	de la	dentelle	레이스
	du	dentifrice	치약

		dentiste	치과의사
	le		
	je viens	d'entrer	방금 들어왔다

de-deu

(b)		debout	서있는
(d)		dedans	…안에, 안으로
(l)		de l'eau	물
(m)	je vais	demander	요청하겠다
	(un)	demi	절반
		demain	내일
	une	demoiselle	아가씨
(o)		dehors	밖에
(p)		depuis	…이래로
		de plus en plus	점점
(s)		dessous	…밑에
		dessus	…위에
(v)		devant	앞에
		devenir	…가 되다

dé-dè

(a)		des	부정관사 복수형
(b)	je vais	débarrasser	치우겠다
	ça va	déborder	넘치려고 한다
	le	début	시작
(c)		dès que	…하자마자
	je vais	déclarer	선언하겠다
(f)	(se)	défendre	방위하다(자신을 변호하다)
	la	défense	방위
		défaire	해체하다
	un	défilé	시위, 퍼레이드
	un	défaut	부족, 결핍
(g)	des	dégâts	피해, 손실
	se	déguiser	변장하다
	(se)	dégoûter	역겹게하다(혐오감을 느끼다)
		dégringoler	굴러 떨어지다
(j)		déjà	이미
	le	dégel	해빙

	le	déjeuner	식사
p	le	départ	출발
		dépasser	넘어서다, 추월하다
	(se)	dépenser	돈을 쓰다(사용되다)
	(se)	dépêcher	급히 보내다(서두르다)
		déposer	놓다
r	il va	dérailler	빗나가려 한다
	il va	déraper	옆으로 미끄러지다
	(se)	déranger	흐트러뜨리다(흐트러지다)
		derrière	…뒤에
	le	dernier	마지막
	(se)	dérouler	펼치다(전개되다)
s		décembre	12월
		descendre	내려가다
	il est	descendu	그는 내려왔다
	un	dessert	디저트
	(se)	décider	결정하다(결정되다)
	je vais	dessiner	그림을 그리겠다
	un	dessin	그림

②	(se)	déshabiller	벗기다(벗다)
		désagréable	불쾌한
	le	désert	사막
		désirer	바라다, 원하다
	je vais	désinfecter	소독하겠다
		désobéir	불복종하다
		désobéissant	불복하는
	il est	désolé	유감이다
	le	désordre	무질서

di

●	j'ai	dit	나는 말했다
	je(tu)	dis, il dit	나(너, 그)는 말한다
ⓐ	le	diable	악마
	un	diamant	다이아몬드
	une	diapositive	슬라이드
	la	diarrhée	설사
ⓒ	la	dictée	받아쓰기
ⓧ	un	dictionnaire	사전

eu		Dieu	신(神)
f		différent	다른
	la	différence	차이
		difficile	힘든, 어려운
	une	difficulté	어려움
j	je vais	digérer	소화하겠다
l	une	diligence	부지런함
m	le	dimanche	일요일
	ça va	diminuer	감소할 것이다
s		dix	10
	un	disque	디스크
		discuter	토론하다
		disparaître	사라지다
	(se)	disputer	다투다(서로 싸우다)
	une	distance	거리
	(se)	distinguer	구별하다(구별되다)
	être	distrait	방심하다
	je vais	distribuer	나누어주겠다
t	vous	dites	당신은 말한다

(v)	un	divan	긴 의자
		divers	다양한
	je vais	diviser	나누겠다
(z)	une	dizaine	10여 개

din-d'un

	une	dinde	암칠면조
		d'un coup	일격에

do

(-)	le	dos	등
	beaucoup	d'eau	많은 양의 물
(c)	le	docteur	의사, 박사
(f)	un	dauphin	돌고래
(r)	il(elle)	dort	그(그녀)는 잔다
	c'est	doré	금도금을 했다
		dormir	잠자다
	un	dortoir	기숙사
(s)	un	dossier	서류

beaucoup	d'autres	많은 다른 것

doi

un	doigt	손가락
il(elle)	doit	그(그녀)는 …해야 한다
eux(ils)	doivent	그들은 …해야 한다

don

	dont	관계대명사(de + 선행사)
	donc	그래서
un	dompteur	조련사

dou

ⓔ	c'est	doux	달콤하다
ⓑ	le	double	더블
ⓒⓗ	une	douche	샤워
ⓛ	la	douleur	고통
ⓢ		doucement	부드럽게
ⓣ	un	doute	의심

86 II. 음운별로 하는 발음연습

		douze	12
z			
		dr	
a	un	drap	시트
	un	dragon	용(龍)
	un	drame	드라마
	un	drapeau	깃발
e	je vais	dresser	세우겠다
o		drôle	우스운
oi		droit	바른
	la	droite	오른쪽
		du	
-		du	de + le
	j'ai	dû	…해야만 했다
n		d'une	하나의
r	c'est	dur	힘들다

e-eu

-		eux	그들
		eux-mêmes	그들자신
	des	œufs	계란(복수형)
f	un	œuf	계란
i	un	œil	눈(目)
r	une	heure	시간
		heureux	행복한
		heureusement	다행히
v	une	œuvre	작품

é-è

il	est	그는 …이다
tu	es	너는 …이다
j'	ai	나는 갖고 있다
toi	et moi	너와 나
une	haie	울타리

éa

	et alors	그리고

éb

(d)	hebdomadaire	주간
(i)	eh bien!	자!

éch

(a) (s')	échapper	피하다(도망치다)
une	écharpe	스카프
(an) je vais	échanger	바꾸겠다

éd

(e) j'	aide	나는 돕는다
une	aide	도움
je vais	aider	돕겠다

éf

a	il va	effacer	그는 삭제할 것이다
e	en	effet	효과(그래서)
r	(s')	effrayer	무섭게하다(두려워하다)
		effrayant	끔찍한, 공포감을 주는

éc

a	une	écaille	비늘
	(s')	écarter	떼어놓다(떨어지다)
i	l'(un)	équilibre	균형
	une	équipe	팀
l	il va	éclater	폭발하려 한다
	l'(un)	éclair	번개
	(s')	éclairer	비추다(환해지다)
	un	éclairage	조명
o	l'(une)	école	학교
	un	écolier	초등학생
	l'	économie	경제

	une	écorce	껍질
ou	(s')	écouler	유통시키다(흐르다)
	Je vais	écouter	듣겠다
r	(s')	écraser	짓누르다(부서지다)
	un	écran	스크린
	j'ai	écrit	나는 썼다
		écrire	쓰다
	l'(une)	écriture	쓰기, 필기

èc.s

c	une	excursion	소풍
	(s')	excuser	용서하다(사과하다)
e		excellent	훌륭한
p	une	expérience	경험
	(s')	expliquer	설명하다(납득하다)
	il va	exploser	터지려한다
	un	exploit	업적, 공적
	une	exposition	전시회
		exprès	고의로

ég

a		égal	동일한
l	un	aigle	독수리
	une	église	교회
ui	une	aiguille	바늘, 시계바늘

ègz

a		exact	정확한
		exagérer	과장하다
	un	examen	시험
	il va	examiner	테스트하려 한다
an	un	exemple	보기, 예
e	il va	exécuter	수행하려 한다
	un	exercice	연습

(Above section, under **t**:)

	extérieur	외부의
	extraordinaire	특별한

é.i

nous	ayons	우리는 갖고 있어야 한다
vous	ayez	당신들은 갖고 있어야 한다

él

	elle	그녀
	elles	그여자들
une	aile	날개
	hélas	이런!
un	élastique	고무, 고무줄
	électrique	전기의
l'	électricité	전기
un	électricien	전기기사
un	éléphant	코끼리
un(une)	élève	학생
un	hélicoptère	헬리콥터
	éliminer	제거하다
une	hélice	프로펠러, 스크루

m		elle-même	그녀 자신
		elle m'aime	그녀는 나를 사랑한다

ém

a		aimable	다정한
e	il(j')	aime	그(나)는 사랑한다

én

e	l'	aîné(남) aînée(여)	연장의, 손위의
	il est	énervé	그는 화가 났다
o		énorme	엄청난

ép

-		hep!	이봐
a	je vais	épargner	저축할 것이다
e	une	épée	검(劍)
	c'est	épais	두껍다
i	un	épi	이삭
	une	épine	가시, 침

	l'(une)	épicerie	식료품점
(in)	une	épingle	핀
(o)	l'(une)	épaule	어깨
(on)	une	éponge	스폰지
(ou)	il va	épouser	그는 곧 결혼한다
		épouvantable	무서운, 끔찍한
(u)		et puis	그리고
(ui)	(s')	épuiser	다 써버리다(고갈되다)

èr

(-)	l'(un)	air	공기
(b)	l'	herbe	풀
(e)	une	erreur	실수
(i)	un	hérisson	고슴도치

ét

(a)	l'(un)	état	상태, 국가
	une	étable	외양간
	un	étage	층

	une	étagère	선반
	(s')	étaler	진열하다(펼쳐지다)
	l'(un)	étalage	진열
an	en	étant	…이면서
	un	étang	연못
	(s')	étendre	펼치다(펴지다)
e	vous	êtes	당신은 …이다
	j'ai	été	나는 …였다
	il a	été	그는 …였다
	l'	été	여름
	il(elle)	était	그(그녀)는 …였다
i	une	étiquette	라벨
	nous	étions	우리는 …였다
i	vous	étiez	당신들은 …였다
in	il(elle)	éteint	그(그녀)는 …를 껐다
	j'ai	éteint	나는 껐다
		éteindre	불을 끄다
	une	étincelle	불똥
o	une	étoffe	옷감, 천

	(s')	étonner	놀라게하다(놀라다)
oi	une	étoile	별
ou	(s')	étouffer	질식시키다(숨이 막히다)
r		étranger	외국의
	les	étrennes	새해선물
		étroit	좁은
s		etc.	기타 등등
u	l'(une)	étude	학습
	un	étudiant	학생
	je vais	étudier	공부하겠다

év

a	il s'est	évanoui	그는 기절했다
e	(s')	éveiller	깨우다(깨다)
i		évidemment	분명히
	l'(un)	évier	개수대
	il va	éviter	그는 피하려 한다

éz

à l' (à mon)	aise	편안하게
je vais	hésiter	주저하게 된다

ès

(c) un	escabeau	나무의자, 발판
une	escalade	기어오르기
l'(un)	escalier	계단
un	escargot	달팽이
	est-ce que…	~인가요?
un(une)	esclave	노예
(e) je vais	essayer	시도하겠다
(an) l'	essence	휘발유, 핵심
(p)	espagnol	스페인의
l'(un)	espace	공간
il faut	espérer	희망해야 한다
une	espèce	종류
l'(un)	esprit	정신

t	l'(un)	estomac	위, 위장
	l'(une)	estrade	연단, 교단
ui		essuyer	문질러 닦다

an

		en	…에서
	un	an	1년

an.b

e	(s')	embêter	지겹게하다(지겨워하다)
r	(s')	embrasser	껴안다(키스하다)
u	l'(une)	ambulance	앰뷸런스

an.c

a		encadrer	틀을 만들다
e	une	enquête	조사, 앙케이트
o		encore	아직
on	ça va	encombrer	막게 된다
ou	je vais	encourager	격려하겠다

(r)	de l'	encre	잉크
		an. ch	
	les	hanches	엉덩이
		an.d	
		en-dessous	…아래에
	(s')	endormir	재우다(잠들다)
	l'(un)	endroit	장소
		an.f	
(a)		en face	정면의
(an)	l'(un)	enfant	어린이, 자식
(e)	l'	enfer	지옥
	(s')	enfermer	가두다(은둔하다)
(in)		enfin	마침내
		an.g	
(a)	(s')	engager	약속하다, 착수하다(가담하다)

❶	anglais	영국의, 영어

an.j

un	ange	천사
une	angine	인두염, 디프테리아

an.l

	en l'air	야외의
je vais	enlever	제거하겠다

an.m

	en même temps	동시에
je vais	emmener	데려오다

an.n

	en arrière	뒤쪽의
	en avant	정면의
(s')	ennuyer	지루하게하다(지루해하다)

an.p

e	je vais	empêcher	방해하겠다

an.r

e	un	enregistreur	등록기

an.s

an		ensemble	앙상블, 조화
e	l'	enseignement	교육
i		ancien	옛날의

an.t

e	une	antenne	안테나
		enterrer	매장하다
an		entendre	듣다
	il a	entendu	그는 들었다
i		entier	전체의
on		en tombant	넘어지며

		en tout	모두 합쳐
(ou)	je vais	entourer	에워싸겠다

an.v

(e)	une	enveloppe	봉투
	à l'	envers	뒤집어서, 반대로
(i)	j'ai	envie	…하고 싶다
		environ	대략
		en vitesse	빠르게
(o)	(s')	envoler	날아오르다
(oi)	je vais	envoyer	보내겠다

		fa	
b	je vais	fabriquer	만들겠다
c	un	facteur	우체부
ch	je suis	fâché	나는 화가 났다
l	il	fallait	…해야 했었다
m	une	femme	여인
	la(une)	famille	가족
n	c'est	fané	시들었다
r	un	phare	등대, 헤드라이트
	la	farine	밀가루
	une	pharmacie	약국
	une	farce	희극, 익살극
s	la(en)	face	얼굴, 정면에
		facile	쉬운
		facilement	쉽게
	la	façon	방법

fan

	fendre	쪼개다
un	fantôme	유령

fe-feu

le	feu	불
une	feuille	나뭇잎, 종이
le	feuillage	(집합적)나뭇잎
une	femelle	암컷
une	fenêtre	창문
je	ferai	나는 …하겠다
un	feutre	펠트, 수성펜
il	faisait	그는 …하고 있었다

fé-fè

une	fée	요정
il	fait	그는 …한다
il a	fait	그는 …했다

b		faible	약한
l	je vais	féliciter	축하하겠다
n	un	fainéant	게으름뱅이

fi

-	une	fille	아가씨, 딸
an	un	fiancé	약혼자
c	(se)	fixer	고정시키다(고정하다)
ch	une	fiche	카드, 전표
d		fidèle	독실한, 신실한
e	une	fillette	계집아이
	se	fier	신뢰하다
	être	fier(남), fière(여)	자랑으로 여기다
	la	fièvre	열, 열병
g	la	figure	얼굴, 모습
l	un	filet	안심, 안심스테이크
	un	film	영화
n		fine	세련된(fin의 여성형)
	j'ai	fini	끝냈다

fin

la	fin	끝
c'est	fini	끝났다
la(j'ai)	faim	허기, 배고프다

fl

un	flacon	플라스크, 작은병
une	flamme	불꽃, 화염
je vais	flâner	산책하겠다
ça va	flamber	불타려한다
une	fleur	꽃
	fleurir	꽃이 피다
un	fleuriste	꽃장사
une	flèche	화살

foi

une	fois	한 번
le	foie	간, 간장

	un	foyer	벽난로, 가정
	la	foire	장, 장터

fo

-		il faut	…해야 한다
	c'est	faux	틀렸다
c	un	phoque	바다표범
ch	je vais	faucher	(풀을)베겠다
l	elle est	folle	그녀는 제정신이 아니다
r	c'est	fort	강하다
	une	forêt	숲
	une	forme	형태
	je vais	former	형태를 만들겠다
		formidable	멋진
	la	force	힘
		forte	강한(여성형)
s	elle est	fausse	그녀는 틀렸다
	un	fossé	도랑, 격차
t	la	faute	실수, 과오

	un	fauteuil	의자
	une	photo	사진

fon

-	le	fond	바닥, 본질
	ça	fond	녹는다
	eux, ils	font	그들이 …한다
d		fondre	녹이다, 용해하다
s	je vais	foncer	깊이 파겠다
t	une	fontaine	우물, 샘

fou

-	un	fou	미친 사람
d	la	foudre	벼락
e	un	fouet	회초리
l	la	foule	군중
	un	foulard	스카프, 머플러
r	un	four	오븐, 가마
	une	fourchette	포크

109

		fourmi	개미
	une	fourmi	개미
	la	fourrure	모피
t	le	football	축구

fr

a		fragile	깨지기 쉬운
	il va	frapper	때리려 한다
	une	phrase	문장
an	une	framboise	산딸기
	être	français	프랑스인이다
e	les	frais	경비, 지출
	je vais	freiner	브레이크를 걸다
	une	fraise	딸기
i	des	friandises	까다로운 입맛
	un	frigo	냉장고
in	un	frein	브레이크.
	du	fromage	치즈
	je vais	frotter	문지르겠다
oi	le	froid	추위

110 II. 음운별로 하는 발음연습

(on)	le	front	이마
	la	frontière	국경

fu

(i)		fuir	날아가다
	une	fuite	도망, 탈주
(m)		fumer	담배 피우다
	la	fumée	연기
(r)		furieux	분노한
(t)	le	futur	미래
(z)	une	fusée	로켓
	un	fusil	소총

gan

un	gant	장갑

ga

(m)	un	gamin	개구쟁이
(gn)	je vais	gagner	이기겠다
(r)	un	garage	자동차 정비소
	la	gare	기차역
	(se)	garer	주차하다
	la(un)	garde	경비
	je vais	garder	지키겠다
	(un)	gardien	관리인
		garnir	물품을 갖추다
(s)	il va	gaspiller	낭비하다
(t)	(se)	gâter	못쓰게하다(나빠지다)
	un	gâteau	케이크

gue

| | une | gueule | 입 |

gué-guè

(-)	ju suis	gai(남), gaie(여)	나는 즐겁다
(m)		gaiement	즐겁게
(p)	une	guêpe	말벌
(r)	la	guerre	전쟁
		guérir	병이 낫다
(t)	la	gaieté	명랑

gui

	je vais	guider	안내하겠다
	une	guirlande	꽃장식
	une	guitare	기타(악기)

gl

| (a) | la | glace | 얼음, 아이스크림 |

		glacé	얼어붙은
i	je vais	glisser	미끄러지겠다
	une	glissade	미끄럼

go

ch	la(à)	gauche	왼쪽, 왼쪽에
f	une	gaufre	와플
l	un	goal	골, 득점
m	une	gomme	지우개
r	la	gorge	목구멍

gon

	je vais	gonfler	부풀리겠다

gou

-	la	goût	취향, 입맛
r	une	gourde	호리병
		gourmand	미식가인, 대식가인
t	une	goutte	물방울

	le	goûter	맛보기, 간식
v		gouverner	통치하다

gr

a		gras	기름진
	un	gramme	그램
	une	grappe	송이
		grâce	은혜, 우아함
		gratter	긁다, 문지르다
		gratuit	공짜인
	du	gravier	자갈
an		grand	큰
		grande	큰(여성형)
		grandir	자라다, 키우다
	la	grand-mère	할머니
	le	grand-père	할아버지
	les	grands-parents	조부모
e	le	grenier	다락방
	une	grenouille	개구리

i		gris	회색의
	une	grille	창살, 석쇠
	un	grillage	구운 고기
	je vais	griller	석쇠로 굽겠다
	une	grimace	찌푸린 얼굴
	la	grippe	유행성 감기
in	du(un)	grain	곡물의 낟알
	je vais	grimper	기어오르겠다
	ça va	grincer	삐그덕 소리가 나려 한다
o		gros	뚱뚱한
		grogner	투덜대다

i

(-)		y	그곳에
(a)	du	yaourt	요구르트
(b)	un	hibou	올빼미
(d)	une	idée	생각, 아이디어
	un	idiot	바보
(eu)	les	yeux	눈(복수형)
(e)		hier	어제
(m)	une	image	이미지
	je vais	imaginer	상상하겠다
	l'	imagination	상상력
		immédiatement	즉시, 곧
		immense	엄청난
		immobile	움직이지 않는
(gn)		ignorer	모르다
	une	inondation	홍수, 범람
		inutile	필요없는
(r)	il	ira	그는 갈 것이다

		irez	당신은 갈 것이다
	vous	irrégulier	불규칙한
	nous	irons	우리는 갈 것이다
	eux(ils)	iront	그들은 갈 것이다
	une	hirondelle	제비
s		ici	여기
	l'(une)	histoire	역사, 이야기
t	être	italien	이탈리아인이다
v	l'	hiver	겨울

in-un

un	하나의

in.b

imbécile	멍청한

in.c

		inquiet	초조해하는
i		inquiet	초조해하는
o	un	inconnu	알려지지 않은 사람

(r) | | incroyable | 믿을 수 없는

in.d

(i) | je vais | indiquer | 지적하겠다
| un | indien | 인도의, 인도인
| une | indigestion | 소화불량
| | indispensable | 필수적인
(u) | une | industrie | 산업

in.f

(e) | | inférieur | 열등한
(i) | une | infirmière | 간호사
(o) | (s') | informer | 알려주다(조회하다)

in.j

| un | ingénieur | 엔지니어
| | injuste | 부당한

in.p

(a)		impatient	성급한, 초조한
(e)		imperméable	물이 스며들지 않는
(o)	il est	impoli	그는 공손하지 않다
		important	중요한
		impossible	불가능한
(r)	l'	impression	인상
	je vais	imprimer	인쇄하겠다
		imprudent	신중하지 않은

in.s

(c)	(s')	inscrire	글을 쓰다(새겨지다)
(e)	un	insecte	곤충
(an)	un	incendie	화재
(i)		ainsi	이렇게 해서
(p)	un	inspecteur	감독관
(t)	je vais	installer	설치하겠다
	un	instant	순간

120 Ⅱ.음운별로 하는 발음연습

	un	instituteur	초등학교 교사

in.t

(an)	l'	intention	의도
(e)		intelligent	지적인, 현명한
		interdit	금지된
		intéressant	흥미있는
	à l'	intérieur	안쪽의

in.v

(an)	je vais	inventer	만들겠다
	une	invention	창조
(i)	je vais	inviter	초대하겠다

ja

ⓑ	j'habite	나는 …에 산다
ⓒʰ	j'achète	나는 구입한다
ⓘ	j'aille	나는 가야 한다(접속법)
ⓛ	j'allais	나는 가곤 했다
	jaloux	질투하는
ⓜ	jamais	결코 …아니다
ⓟ	j'appelle	나는 …를 부르다

jan

⊖	les	gens	사람들
ⓑ	une	jambe	다리
	le	jambon	햄
ⓓ	un	gendarme	헌병
ⓝ		j'en ai	그것을 갖고 있다
ⓣ		j'entends	나는 듣는다
		gentil	친절한
		gentiment	친절하게

		janvier	1월
		jé-jè	
		j'écris	나는 쓴다
	un	géant	거인
	il	gèle	얼어붙는다
		j'aime	나는 사랑한다
		j'aimerais	나는 사랑할 것이다
	ça va	gêner	방해가 될 것이다
	en, un	général	일반적으로
		généreux	관대한
	la	géographie	지리
		je-jeu	
		je	나
	un	jeu	게임
		jeudi	목요일
		geler	얼다
	la	gelée	서리

		je l'ai	나는 …를 갖고 있다
n		jeune	젊은
		je n'ai pas	나는 …를 갖고 있지 않다
	un	genou	무릎
t		jeter	던지다
	nous	jetons	우리는 던진다

ji

b	du	gibier	사냥감
f	une	gifle	따귀
l	un	gilet	조끼
m	la	gymnastique	체육, 체조
r	une	girafe	기린
		j'irai	나는 가겠다

jo

n		jaune	노란
r		j'aurai	나는 가질 것이다
z		j'oserais	감히 …하겠다

joi

la	joie	즐거움
	joyeux	즐거운
	joyeuse	즐거운(여성형)
	joyeusement	행복하게

join

	joindre	결합하다

jon

une	jonquille	담황색
un	jongleur	곡예사

jou

je(il)	joue	게임을 한다
une	joue	볼, 뺨
	jouer	게임을 하다
j'ai	joué	나는 게임을 했다

	un	jouet	장난감
e	un	joueur	선수
		ju	
-	un	jus	주스
i		juillet	7월
in		juin	6월
j	je vais	juger	판단하겠다
m	une	jument	암말
	des	jumeaux	쌍둥이

lan

❶		lent	느린
❺		l'ambulance	앰뷸런스
❻		l'encre	잉크
❹	le	lendemain	그 다음날
❶		l'enfant	어린이
❼	la(une)	langue	언어
		l'anglais	영어

la

❶		la	정관사 여성형
	c'est	là	거기다
	il (elle)	l'a	그(그녀)는 그것을 갖고 있다
❺		là-bas	거기
		l'habit	옷
		l'habitude	습관
	il va	labourer	그는 경작할 것이다
❻	un	lac	호수

j		l'âge	나이
l		l'alphabet	알파벳
m		l'amour	사랑
n		l'année	1년
		l'anniversaire	생일
o		là-haut	저기
p	un	lapin	토끼
		l'appendicite	맹장염
		l'après-midi	오후
r		l'arbre	나무
		l'arrivée	도착
		large	넓은
	la	largeur	넓이
	de	l'argent	돈, 은
	une	arme	무기

le

f		l'œuf	계란
i		l'œil	눈(目)

		leur, leurs	그들의
r		l'heure	시간
s	une	leçon	학과
v	(se)	lever	들다(일어나다)

lé-lè

-		les	정관사 복수형
	du	lait	우유
	il est	laid	그는 못생겼다(=pas beau)
	je	l'ai	나는 그것을 갖고 있다
c		l'équipe	팀
		l'éclair	번개
	la	lecture	독서
ch	il va	lécher	그 개가 핥으려 한다
		l'échelle	사다리
d	elle est	laide	그녀는 못생겼다
	à (de)	l'aide	도움
g		l'église	교회
	un	légume	야채

l		l'éléphant	코끼리
		l'hélicoptère	헬리콥터
m	je	l'aime	나는 그녀를 사랑한다
n	de la	laine	양모
p		l'épaule	어깨
r		l'herbe	풀
s		l'escalier	계단
		l'escargot	달팽이
t		l'été	여름
	le	laitier	우유장수
		l'étoile	별
	une	lettre	편지
	une	laitue	상치 샐러드
v	je me	lève	나는 일어난다
		l'évier	개수대
	une	lèvre	입술
z	un	lézard	도마뱀
		les amis	친구들

li

-	un	lit	침대
	je	lis, il lit	나, 그는 읽는다
b	la	liberté	자유
		libre	자유로운
	une	librairie	서점
e	je vais	lier	연결하겠다
	un	lièvre	산토끼
in	un	lien	연결
l	un	lilas	백합
m		l'image	이미지
	la	limonade	청량음료
n	une	ligne	선
on	un	lion	사자

lin-lun

-		l'un	하나, 한 사람
j	du	linge	내의류

p		l'imperméable	레인코트
		l'imprimerie	인쇄소
s		l'incendie	화재
		l'inspecteur	감독관
		l'instant	순간
t		l'intérieur	내부
v		l'invité	초대받은 사람

loin

		loin	먼
	le	lointain	먼 곳

loi

	la	loi	법률
z		l'oiseau	새

lo

-	de	l'eau	물
c	une	locomotive	기관차

			l'oxygène	산소
j		(se)	loger	숙박시키다(거주하다)
		un	logement	주거지
m			l'homme	사람, 남자
			l'omelette	오믈렛
p			l'hôpital	병원
			l'opération	작전, 수술
r		de	l'or	금
			l'orage	폭풍우
			l'orange	오렌지
		de	l'ordre	질서
			l'oreille	귀
t			l'hôtel	호텔
			l'auto	승용차
			l'automne	가을
			l'autoroute	고속도로
			l'autre	다른 사람

lou

- le	loup	늑대
r	lourd	무거운
	lourde	무거운(여성형)
	l'ours	곰
v je(il)	l'ouvre	나(그)는 그것을 연다
	l'ouvrier	노동자

lu

- j'ai	lu	나는 읽었다
c la	lucanne	천창, 빛들이 창
e une	lueur	희미한 빛
i c'est	lui	그 사람이다
ça	luit	그것이 빛난다
	luire	반짝이다
	luisant	빛나는
j une	luge	썰매
m la	lumière	빛

		lumineux	빛을 발하는
n	la	lune	달(月)
	des	lunettes	안경
t	je vais	lutter	투쟁하겠다
z		l'usine	공장

lon

		long	긴
		l'ombre	그림자
		longue	긴(여성형)
	la	longueur	길이

mé-mè

-		mes affaires	내 물건(일)들
	oui	mais	그러나
	le mois de	mai	5월
	il(elle)	met	그(그녀)는 놓는다
c	un	mécanicien	기계기사
ch		méchant	성질이 고약한
d	une	médaille	메달
		mesdames	부인들
		mesdemoiselles	아가씨들
	il	m'aide	그는 나를 돕는다
	le	médecin	의사
	un	médicament	약
		médiocre	보잘 것 없는
g		maigre	마른, 여윈
i		meilleur	더 나은
l	(se)	mêler	혼합하다(섞이다)
	je vais	mélanger	섞어놓겠다

136 II. 음운별로 하는 발음연습

m		même	같은
	il(elle)	m'aime	그(그녀)는 나를 사랑한다
	la	mémoire	기억
n	le(un)	ménage	살림살이
	une	ménagère	주부
	je	m'énerve	나는 신경질이 난다
r	la	mer	바다
	ma	mère	어머니
	le	maire	시장(市長)
		mercredi	수요일
		merveilleux	놀라운
s	la	messe	미사
	un	message	메시지
		messieurs	무슈의 복수형
t	du	métal	금속
	un	métier	직업
		mettre	놓다
	le	maître(d'école)	선생님
	un	mètre	미터

		la maîtresse	여자 교사
z	une	maison	집

man

-	il	ment	그는 거짓말을 한다
b	il	m'embête	그는 나를 난처하게 한다
c	ça va	manquer	그것이 부족할 것 같다
ch	une	manche	소매
d	une	mandarine	밀감
s	un	mensonge	거짓말
t	un	menteur	거짓말쟁이
		mentir	거짓말하다
	un	manteau	외투
	le	menton	턱
v	je	m'en vais	나는 가겠다

ma

-		ma maman	나의 엄마
	il	m'a…	그는 나에게

138 II.음운별로 하는 발음연습

b	je	m'habille	나는 옷을 입는다
c	des	macaronis	마카로니
	(se)	maquiller	화장시키다(화장하다)
ch	une	machine	기계
	la	mâchoire	턱, 턱뼈
d		madame	부인
		mademoiselle	아가씨
g	un	magasin	가게
i	un	maillot	수영복
	la	mayonnaise	마요네즈
j		magique	신기한, 마술같은
	un	magicien	마술사
l	le(c'est)	mal	아픔, 악(惡)
	un	mâle(de la femelle)	남성
	le	malheur	불행
		malheureux	불운한
		malheureuse	불운한(여성형)
		malheureusement	불행하게도
		malgré	…에도 불구하고

		malin	약은
		malhonnête	솔직하지 않은
m		maman	엄마
	je	m'amuse	나는 즐긴다
n	un	mannequin	마네킹, 패션모델
	un	manège	말타기, 승마
	la	manière	방법
gn		magnifique	기막힌

mar

ch	ça (je)	marche	진행된다, 걷는다
	ça va	marcher	잘 될 것이다
	un	marchand	장사
c	je vais	marquer	표시하겠다
	un	marqueur	표지, 지표
d		mardi	화요일
e	la	marée	밀물, 조수
	la	marraine	대모(代母)
	une	marguerite	데이지 꽃

i	le	mariage	결혼
	je suis	marié, mariée	나는 기혼자다
	(se)	marier	결혼시키다(결혼하다)
	une	marionnette	인형, 꼭두각시
in		marin	선원
m	une	marmite	냄비
o	un	marronnier	마로니에
on	un	marron	밤
s	le mois de	mars	3월
t	un	marteau	망치

mas

	un	masque	가면
	je	m'assieds	나는 앉는다
	un	maçon	미장이, 석공

mat

t	un	match	경기
	un	matelas	매트리스

	le	matériel	재료
	la	maternelle	유치원
	une	matière	방법
	la	matinée	오전시간

mav

(v)	il	m'avait	그는 나에게…
	il	m'a vu	그는 나를 보았다

maz

(z)	le	mazout	중유

me-meu

(-)		me	나에게
(b)	un	meuble	가구
(l)	un	melon	메론
(n)	je vais	menacer	협박하겠다
	je vais	mener	인도하겠다
	le	menu	메뉴, 식단

	le	menuisier	목수
(r)	il	meurt	그는 죽는다
(s)		monsieur	무슈, …씨

mi

(-)	j'ai	mis	나는 놓았다
	il a	mis	그는 놓았다
(c)	un	micro	현미경
	un	microbe	세균, 병원균
(d)		midi	정오
(eu)	c'est	mieux	더 낫다
(e)	le	miel	꿀
	des	miettes	빵 부스러기
	la	mienne	내 것
(in)	le	mien	내 것
(l)		mille	1000
	un	millier	천, 천 가량
	un	million	백만
	un	milliard	십억

	le	milieu	중간
	un	militaire	군인
n	la(une)	mine	안색, 탄광
	un	mineur	미성년자, 광부
	un	ministre	장관
		mignon	귀여운
		mignonne	귀여운(여성형)
		minuit	자정
	une	minute	1분
o	il va	miauler	고양이가 야옹할 것이다
r	un	miracle	기적
	un	miroir	거울
s	la(une)	mission	사명, 임무
	un	mystère	미스터리

min

une	main	손
	mince	날씬한, 마른
	maintenant	지금

moin

	moins	더 적은

moi

(-)	c'est	moi	그것은 나다
	un	mois de l'année	한 달
(i)	un	moyen	수단
	une	moyenne	평균
(n)	un	moineau	참새
(s)	la	moisson	수확
(t)	la	moitié	절반
(z)		moisi	곰팡이 슬은

mo

(-)	un	mot	단어
(b)	il	m'oblige	나로 하여금 …하게 한다
(c)	se	moquer	놀리다, 조롱하다
(d)	la	mode	유행

145

		modèle	모델, 유형
		moderne	현대적인
		modeste	겸허한
m	le	moment	순간
n	la	monnaie	잔돈
	un	moniteur	모니터, 지도강사
	un	monument	기념물
r	il est	mort	그는 죽었다
	la	mort	죽음
	il	mord	그(개)가 문다
		mordre	물다
	il a	mordu	그가 물었다
	un	morceau	조각
	il est	mortel	죽을 수밖에 없는
t	un	motard	오토바이 타는 사람
	le	moteur	전동기, 모터
	une	moto	오토바이
	une	motocyclette	모터사이클
v		mauve	접시꽃, 엷은 보라색

		mauvais	나쁜
		mon	
-		mon	나의
	un	mont	산
	eux(ils)	m'ont···	그들은 내게···
d	le	monde	세계
x	un	monstre	괴물
t	la	montagne	산
	en(un)	montant	···를 오르며, 총액
	je vais	monter	올라가겠다
	une	montre	손목시계
	je vais	montrer	보여주겠다
		mou	
-	c'est	mou	물렁하다
ch	une	mouche	파리
	un	mouchoir	손수건
d		moudre	곡식을 찧다

e	une	mouette	갈매기
f	une	moufle	벙어리 장갑
i		mouiller	적시다
	c'est	mouillé	젖었다
l	un(une)	moule	주형, 홍합
	un	moulin	방아, 풍차
r		mourir	죽다
s	la	mousse	거품
	une	moustache	콧수염
	un	moustique	모기
t	un	mouton	양(羊)

mu

e	il est	muet	그는 말을 못한다
	elle est	muette	그녀는 벙어리다
g	du	muguet	은방울꽃
l		multicolore	여러 색의
r	un	mur	벽
	c'est	mûr	성숙하다

	elle est	mûre	(과일이)익었다
		mûrir	익게하다
	un	murmure	중얼거림
S	un	muscle	근육
Z	un	musée	박물관
	la	musique	음악
	un	musicien	음악가
	un	museau	주둥이, 부리

na

(j)	je vais	nager	수영하겠다
	un	nageur	수영하는 사람
	une	nageuse	수영하는 사람 (여)
(p)	il	n'a pas	그는 …를 갖고 있지 않다
	une	nappe	식탁보
(r)	une	narine	콧구멍
(s)		national	국가적인
(t)	la	natation	수영
	la	nature	자연
	c'est	naturel	자연스럽다
		naturellement	자연히
(v)	je	n'avais pas	나는 갖고 있지 않았다
	je vais	naviguer	운항하겠다
	un	navire	배, 선박
	un	avion	비행기

nan

je	n'en veux pas	그것을 원치 않는다

ne-neu

(-)	ne	…아닌
un	nœud	매듭
(f)	neuf	9
un	œuf	계란
(v) un	neveu	조카

né-nè

(-) le	nez	코
je suis	né	나는 태어났다
(j) il	neige	눈이 내린다
	neiger	눈이 오다
(p) il	n'est pas	그는 …아니다
je	n'ai pas	나는 …가 없다
(r) un	nerf	신경

	nerveux	신경성의
	nécessaire	필요한
la	naissance	탄생
il(elle)	nettoie	그(그녀)는 청소한다
le	nettoyage	청소
	nettoyer	깨끗이하다
	naître	태어나다

ni

un	nid	새의 둥지
une	niche	짓궂은 장난
un	nichoir	둥우리
une	hirondelle	제비
un	niveau	수준

nin

un	nain	난쟁이
un	indien	인도인
	n'importe qui	누구든 간에

no

(e)	la	Noël	크리스마스
(f)	un	naufrage	침몰
(m)	un	homme	사람, 인간
(r)	le	nord	북쪽
		normal	정상적인
	il	n'aurait pas	그는 …를 갖지 않을 것이다
(s)	une	noce	결혼, 혼례
(t)	une	note	성적
		notre	우리의
	la	nôtre	우리들의 것
	un	autre	다른 것
(v)		novembre	11월

noi

(-)	une	noix	호두
(i)	se	noyer	물에 빠지다
	un	noyé	물에 잠긴

	une	noyade	익사
	un	noyau	핵심
(r)		noircir	검게하다
(z)	une	noisette	개암열매

non

		non(pas d'accord)	아니오
	le(un)	nom	이름
	un	nombre	수, 숫자
		nombreux	수가 많은
	eux, ils	n'ont pas	그들은 …를 갖고 있지 않다

nou

(-)		nous	우리
(g)	un	nougat	누가 캔디
(r)	(se)	nourrir	먹이다(영양을 취하다)
		nourrissant	영양가 있는
	la	nourriture	음식물
	un	ours	곰

154 II.음운별로 하는 발음연습

s		nous sommes	우리는 …이다
t		nouveau	새로운
	une	nouvelle	소식
z		nous avons	우리는 …를 갖고 있다
		nous autres	우리, 다른 사람들

nu

a	un	nuage	구름
i	la	nuit	밤
		nuisible	해로운
l		nulle part	아무 곳에도
m	un	numéro	번호

155

o

	eau	물
de l'		
c'est	haut	높다
	au	à+le
	aux	à+les
	oh!	오!

ob

		obéir	복종하다
e			
		obéissant	복종하는
j	un	objet	대상
l		oblique	비스듬한, 기울어진
	je vais	obliger	…를 시키겠다
		obligatoire	의무적인
s	l'	obscurité	어둠, 암흑
	je vais	observer	준수하겠다
	une	observation	관찰, 관측
	un	obstacle	장애물

156 II.음운별로 하는 발음연습

t		obtenir	…를 얻다

oc

a	une	occasion	기회
e	le	hoquet	딸꾹질
t		octobre	10월
u	un	oculiste	안과의사
	(s')	occuper	차지하다(…를 맡아하다)
		aucune	어떤 …도
un		aucun	어떤 …도

od

e	l'(une)	odeur	냄새
		au-dessous	…아래
		au-dessus	…위

of

i	un	officier	장교
e	j'ai	offert	나는 제공했다

	offrir	제공하다
	og	
ça va	augmenter	오르게 된다, 인상한다
un	ogre	식인귀, 냉혈한
	oj	
	aujourd'hui	오늘
	ol	
il est	hollandais	그는 네델란드인이다
une	olive	올리브
	o.m	
une	omelette	오믈렛
	o.n	
	honnête	성실한, 솔직한
un	oignon	양파

op

(e)	une	opération	작전, 수술
	il va	opérer	그는 곧 수술한다
(i)	un	hôpital	병원
(r)		auprès de	…가까이에

or

(-)	de l'	or	금
(a)	il(on)	aura	그는 …를 갖게된다
	un	orage	폭풍우
(an)	une	orange	오렌지
	une	orangeade	오렌지 음료
(c)	un	orchestre	오케스트라
(d)		ordinaire	보통의
	l'(un)	ordre	질서, 순서
(e)		au revoir	안녕, 또 봅시다
	l'	horreur	공포, 끔찍함
	j'	aurai	나는 …를 갖을 것이다

(e)	une	oreille	귀
	un	oreiller	베개
(f)	un	orphelin	고아
(g)	(s')	organiser	조직하다(결성되다)
	l'	orgueil	거만함
		orgueilleux	거만한, 교만한
(i)		horrible	끔찍한

os

	un	os	뼈
		au secours	사람 살려!
	un	océan	대양(大洋)
		aussi	또한
		aussitôt	즉시

ot

(e)	elle est	haute	높다
	une	hotte	등에 지는 채롱
	la(une)	hauteur	높이

	un	auteur	저자, 필자
(e)	je vais	ôter	없애겠다
	un	hôtel	호텔
(an)		autant	그만큼
(i)	une	otite	이염(耳炎), 중이염
(o)		automatique	자동적인
	l'	automne	가을
	une	autoroute	고속도로
	l'	auto-scooter	스쿠터
(ou)		autour	주위
(r)		autre	다른
		autrefois	예전에
		autrement	달리
	une	autruche	타조

OZ

je vais	oser	감히 …하겠다

oi

-	une	oie	기러기, 거위
g	un	wagon	객차
t	de la	ouate	솜, 탈지면
z	un	oiseau	새

on

-		on fait	…하다
	eux, ils	ont	그들은 …를 갖고 있다
b	une	ombre	그림자
c	l'	oncle	아저씨
d	les	ondes	파도, 주파수
g	un	ongle	손톱
n		on a	…가 있다
		on n'a pas	…가 없다
		on est	…이다
		on n'est pas	…가 아니다
t	la	honte	수치

		honteux	창피한
z		onze	11
		onzième	11번째의

ou

-		ou(bien)	또는
		où?	어디에
	le mois d'	août	8월
	du	houx	호랑가시나무
a	un	wagon	객차
	de la	ouate	솜, 탈지면
b	un	oubli	망각
	je vais	oublier	잊다
e	l'	ouest	서쪽
i		oui	네
	un	week-end	주말
	du	whisky	위스키
r	un	ours	곰
	un	ourson	새끼곰

s	une	housse	덮개, 커버
t	un	outil	도구
v		où vas-tu?	어디 가니?
	c'est(j'ai)	ouvert	열려있다, 열었다
	une	ouverture	개막
	un	ouvrage	작품

pan

(c)	une	pancarte	표지판, 플래카드
(ch)	(se)	pencher	기울이다(몸을 숙이다)
(d)		pendant	매달린, …동안
		pendre	걸다, 매달리다
	une	pendule	추시계
(p)	un	pamplemousse	자몽
(s)		penser	생각하다
	la	pensée	생각, 사고
	une	pension	하숙, 기숙사, 연금
	un	pansement	붕대 감기
(t)	un	pantalon	바지
	la	pente	경사, 경향
	une	panthère	표범

pe-peu

(un)	peu	조금, 별로
je(tu)	peux, il peut	…할 수 있다

l	je vais	peler	껍질을 벗기다
	une	pelote	실뭉치
	la	pelouse	잔디밭
p	le	peuple	주민
	un	peuplier	포플러 나무
r	j'ai	peur	겁난다
		peureux	겁많은
t		petit, petite	작은
		peut-être	아마
v	eux, ils	peuvent	그들은 …할 수 있다
z	je vais	peser	무게를 달겠다

pé-pè

-	la	paix	평화
	il (je)	paie	그(나)는 돈을 낸다
ch	la(une)	pêche	복숭아, 낚시질
	un	pêcher	복숭아나무
	un	pêcheur	낚시꾼
d	une	pédale	페달

166 II.음운별로 하는 발음연습

i	un	pays	나라
	je vais	payer	돈을 내겠다
	un	paysage	풍경
	un	paysan	농부
l	une	pelle	삽
	je	pèle	껍질을 벗기다
m	le	paiement	지불
n	la	peine	고통
		pénétrer	파고들다
		pénible	고통스런
		péniblement	힘들게
gn	un	peigne	빗
	(se)	peigner	머리를 빗다
p	un	pépin	씨, 종자
t	un	pétale	꽃잎, 화판
	un	pétard	폭죽, 불꽃놀이
		paître	풀을 뜯어먹다
		pétrir	반죽하다
	le	pétrole	석유

z	je	pèse	무게를 달다
		paisible	평화로운

pèr

-	le	père	아버지
	le	Père Noël	산타클로스
	une	paire	짝, 켤레
	je(tu)	perds, il perd	잃다
ch	un	perchoir	횃대, 앉는 곳
d		perdre	잃다
	une	perdrix	자고새
		perdu	잃은
f	la	perfection	완벽, 완전
i	un	péril	위험, 위기
	le	périmètre	둘레, 주위
	une	période	기간
		périr	죽다, 사라지다
l	une	perle	진주
m		permettre	허락하다

	la	permission	허락

pa

●	un	pas	발걸음
	ne…	pas	…않다
ⓒ		Pâques	부활절
	une	pâquerette	데이지
	un	paquet	갑, 상자
ⓘ	la	paille	짚, 빨대
ⓙ	une	page	페이지
ⓛ		pâle	창백한
	un	palais	궁궐, 관저
	le	palier	층계참
ⓝ	en(une)	panne	고장, 정전
	un	panier	바구니
	un	panneau	게시판
ⓟ		papa	아빠
	du(un)	papier	종이
	un	papillon	나비

par

		par	…에 의해
	il	part	그는 떠난다
ⓐ	un	parachute	낙하산
	le	paradis	천국
	un	parapluie	우산
	un	parasol	파라솔
ⓒ	un	parc	공원
	le	parquet	검찰, 마루판
		parcourir	두루 돌아다니다
ⓓ		par-dessous	…의 아래에
		par-dessus	…의 위에
		pardon	용서, 실례합니다
	je vais	pardonner	용서하겠다
ⓔ		pareil	비슷한
	il	paraît	~처럼 보이다
	la	paresse	나태, 게으름
		paresseux	게으른

		paraître	나타나다
(an)	les	parents	부모
(f)		parfait	완전한
		parfois	이따금
	le	parfum	향수
	(se)	parfumer	향기롭게 하다(향수를 뿌리다)
(in)	le	parrain	대부(代父)
(l)	je vais	parler	말하겠다
(m)		parmi	…가운데
(o)	la	parole	말
(t)	le	partage	나누기, 분배
		partager	나누다
	en	partant	떠나면서
		par terre	땅바닥에
	un	parterre	화단
	une	partie	부분
	il est	parti	그는 떠났다
		particulier	특이한
		partir	떠나다

171

		pas	
	je vais	participer	참여하겠다
		partout	도처에
v		parvenir	…에 다다르다

		pas	
a	un	passage	통행, 통과
	(un)	passager	승객
an		passant	통행이 잦은
e	je suis	passé	나는 지나왔다
	je vais	passer	나는 지나겠다
i	la	patience	인내
	une	passion	열정

		pat	
e	une	patte pour marcher	짐승의 발
	la	pâte	밀가루반죽
	des	pâtes	파스타
	le	pâté	고기·생선 파테
i		patiner	스케이트를 타다

172 II.음운별로 하는 발음연습

	un	patineur	스케이트 타는 사람
	une	patinoire	스케이트 링크
	la	pâtisserie	제과점
	le	pâtissier	과자 파는 사람
in	des	patins	스케이트
r	un	pâtre	목자, 목동
	la	patrie	조국
	un	patron	주인, 경영주
u	une	pâture	방목장

pav

	le(un)	pavé	포장도로
	un	pavillon	정자, 빌라

pi

-	une	pie	까치
	c'est	pis	최악의 상태다
a	un	piano	피아노
c	ça	pique	가렵다

	(se)	piquer	찌르다(찔리다)
	un	piquet	말뚝, 푯말
	un	pique-nique	피크닉
		picorer	모이를 쪼다
	une	piqûre	주사, 찔린 자국
e	le(un)	pied	발
	un	piège	덫, 올가미
	une	pierre	돌
	une	pièce	조각
j	un	pyjama	파자마
	un	pigeon	비둘기
i	une	pile	건전지
	un	pilote	조종사, 파일럿
o	une	pioche	곡괭이
p	une	pipe	파이프
r	une	pyramide	피라미드
s	une	piscine	수영장
	une	piste	활주로
	une	pistolet	권총

t	la	pitié	동정, 연민

pin

-	du(un)	pain	빵
	un	pin(un arbre)	소나무
	je(tu)	peins, il peint	그림을 그리다
d		peindre	그리다
g	un	pingouin	펭귄
s	une(je)	pince	집게(로 집다)
	(se)	pincer	꼬집다(집히다)
	un	pinceau	붓, 솔
t	une	pintade	뿔닭
	un	peintre	화가, 페인트공
	la	peinture	회화

pneu

	un	pneu	타이어

175

poin

-	un	point	점
	le	poing de la main	주먹
t	une	pointe	뾰족한 끝
	c'est	pointu	뾰족하다

pon

-	un	pont	다리
	elle	pond	알을 낳는다
d		pondre	알을 낳다
		pondu	생산된
p	une	pompe	펌프
	un	pompier	소방관
	un	pompiste	주유원, 급유담당자

pl

a	c'est	plat	평평하다
	une	plaque	금속, 돌판

	un	placard	플래카드, 벽보
	le	plafond	천장
	la	plage	해변, 해수욕장
	il va	planer	비행기가 날려고 한다
	une	planète	행성
	une	place	자리, 위치
an	un	plan	도면, 계획
	une	planche	판자, 널빤지
	un	plancher	마룻바닥
	une	plante	식물, 초목
	je vais	planter	나무, 풀을 심겠다
eu	il	pleut	비가 온다
	je vais	pleurer	울려고 하다
		pleuvoir	비오다
e	une	plaie	상처
	ça	plaît	마음에 들다
	il se	plaît	만족해하다
	la	plaine	평야
	elle est	pleine	가득 찼다

	(se)	plaire	…의 마음에 들다
	le	plaisir	기쁨
i	un	pli	주름
	je	plie	접는다
	je vais	plier	굽히겠다
		plisser	주름잡다
in	c'est	plein	가득찼다
	il se	plaint	그는 불평한다
	(se)	plaindre	불평하다
	une	plainte	불평, 제소
on	du	plomb	납
		plonger	빠뜨리다
	un	plongeoir	다이빙대
	un	plongeon	다이빙
ou	la	pelouse	잔디밭
u		plus	더 …하다
	il a	plu	비가 왔다
	en	peluche	플러시 천으로 된
	la	pluie	비

178 II.음운별로 하는 발음연습

	une	plume	깃털, 펜
	le	plumage	깃털
	la	plupart	대부분
	le	pluriel	복수형

pr

(a)		pratique	실행
(e)	le	premier	첫 번째
		première	1등석
	une	preuve	증거, 근거
(an)		prendre	잡다, 취하다
(i)	j'ai	pris	나는 샀다
	je suis	pris	스케줄이 있다
	le	prix	값
	je vais	prier	기도하겠다
	la	prière	부탁, 청원
		primaire	초등학교의
	être (c'est)	privé	개인적인 것이다
	elle est	prise	그녀는 채용되었다

	une	prison	감옥
	un	prisonnier	죄수
in	un	prince	왕자
	une	princesse	공주
		principal	주요한
		printanier	봄의
	le	printemps	봄
oi	une	proie	먹이
u		prudent	신중한
	une	prune	자두
	un	pruneau	말린 자두

pré-prè

-	un	pré	풀밭, 초원
	je suis	prêt	준비되었다
		près	가까운
ch	je vais	prêcher	설교하겠다
c	une	précaution	주의, 예방
d		près de	…에 가까운

		préférer	…를 더 좋아하다
	je	préfère	…를 선호한다
o	un	préau	안마당
p	(se)	préparer	준비하다
	la	préparation	준비
r	une	prairie	초원
s	je	presse	서두른다
	(se)	presser	압박하다(서두르다)
		presque	거의
		précédent	앞선
		précieux	소중한
		précisément	자세히
t	elle est	prête	준비되었다
	je vais	prêter	빌려주겠다
		prétendre	…라고 주장하다
v		prévenir	알리다, 예고하다
		prévoir	예견하다
z		présent	현재의
	je vais	présenter	소개하겠다

181

		pro	
ⓑ		probablement	아마도
	un	problème	문제
ⓒ		proclamer	발표하다, 선언하다
ⓒʰ		prochain	다가오는
		prochaine	다가오는 (여성형)
ⓓ	la	production	생산
	j'ai	produit	내가 만들었다
		produire	생산하다
ⓕ	un	professeur	교수, 교사
		profiter	이용하다
		profond	깊은
	la	profondeur	깊이
ⓖ	un	programme	프로그램
	le	progrès	성장, 발전
ⓙ	un	projet	프로젝트
	un	projecteur	영사기, 환등기
ⓛ		prolonger	연장하다

182 II.음운별로 하는 발음연습

m	(se)	promener	산책시키다(산책하다)
	une	promenade	산책
	je me	promène	산책한다
		promettre	약속하다
	j'ai	promis	약속했다
n		prononcer	발음하다
p	à	propos	그것에 대해
	je vais	proposer	제안하겠다
s	un	procès	소송
t	je veux	protéger	보호하고 싶다
	la	protection	보호
v		provenir	유래하다, 생기다
	les	provisions	구입품, 생활용품
		provoquer	도발하다

pu

-	j'ai	pu	…할 수 있었다
b		public	공공의
	la	publicité	광고

e	une	puéricultrice	육아전문가
i	et	puis	그리고
	un	puits	우물
		puissant	권력있는
		puisque	왜냐하면
l	un	pull	스웨터
n		punir	벌하다
	une	punition	처벌
r		pur	순수한
	la	purée	퓨레
		purifier	정화하다

po

-	la	peau	피부
	un	pot	항아리, 단지
ch	une	poche	포켓
e	un	poème	시 한 편
	la	poésie	시(詩)
l	la	police	경찰

	la	politesse	예의
	la	politique	정치
m	une	pomme	사과
	une	pomme de terre	감자
	un	pommier	사과나무
p	une	paupière	눈꺼풀
r	un	port de mer	항구
	un	porc	돼지, 돼지고기
	la	porte	문
	un	portail	정면 현관
	je vais	porter	갖고 가겠다
	une	portée	사정거리
	un	porte-bagages	선반, 짐받이
	un	portemanteau	옷걸이
s		posséder	소유하다
		possible	가능한
	la	poste	우체국
	(se)	poster	배치하다(자리잡다)
t	un	potager	채소밭

	la	poterie	도기제조소
	un	poteau	기둥, 말뚝
(v)		pauvre	가난한, 불쌍한
(z)	(se)	poser	놓다(놓이다)

poi

(-)	le(un)	poids(pour peser)	무게
	un	pois	완두콩
(l)	un	poil	털
	un	poêle	난로, 스토브
	une	poêle	프라이팬
(n)	un	poignard	단검, 비수
(gn)	une	poignée	한줌, 한 웅큼
	le	poignet	손목
(r)	une	poire	배(梨)
	un	poirier	배나무
	un	poireau	파
(s)	du(un)	poisson	물고기
	le	poissonnier	생선장수

186 II.음운별로 하는 발음연습

(t)	la	poitrine	가슴
(v)	du	poivre	후추
(z)	du	poison	독극물

pou

(b)	une	poubelle	쓰레기통
(d)	la	poudre	분, 가루
(l)	une	poule	암탉
	un	poulailler	닭장
	un	poulet	병아리, 식용닭
	un	poulain	망아지
(m)	un	poumon	허파
(p)	une	poupée	인형
(r)		pour	…를 위하여
		pourquoi	왜
		pourrir	썩다, 부패하다
	c'est	pourri	썩었다
		poursuivre	뒤쫓다
	la	poursuite	추적, 추격

		pourtant	하지만
		pourvu que	…하기만 한다면
Ⓢ	le	pouce	엄지손가락
	je	pousse	나는 민다
	je vais	pousser	나는 밀겠다
	une	poussette	유모차, 쇼핑카
	la	poussière	먼지
	un	poussin	햇병아리

ran

●	un	rang	줄, 열
	je(tu)	rends, il rend	돌려준다
● c	(se)	rencontrer	만나다(서로 만나다)
● d	un	rendez-vous	약속, 만남
		rendre	돌려주다
	j'ai	rendu	돌려주었다
● f		renfermer	포함하다, 지니다
● j	(se)	ranger	정리하다(정렬하다)
	une	rangée	줄, 열
● p	je vais	ramper	기어가겠다
	je vais	remplacer	대치하겠다
		remplir	가득 채우다
		remporter	가져가다
● s	un	renseignement	정보, 자료
	(se)	renseigner	가르쳐주다(조회하다)
● t		rentrer	되돌아오다
	la	rentrée	개학

ra

-	un	rat	쥐
c		raccommoder	화해시키다, 수선하다
	je vais	raconter	이야기하겠다
		raccourcir	단축하다
d	un	radis	작은 무
	un	radiateur	라디에이터
	la	radio	라디오
f	(se)	rafraîchir	시원하게하다(시원해지다)
i	les	rails	레일
j	la	rage	격분, 격노
l		ralentir	속도를 늦추다
m	une	rame	배젓는 노
	je vais	ramasser	모으겠다
	je vais	ramener	다시 가져오겠다
p	(se)	rappeler	다시 부르다(회상하다)
		rapide	빠른
		rapidement	빠르게

	je vais	**rapporter**	다시 가져오겠다
	(se)	**rapprocher**	가까이 놓다(다가가다)
r		**rare**	희귀한
s	une	**race**	인종, 종류
	(se)	**rassembler**	모으다(모이다)
	une	**racine**	뿌리
	(se)	**rassurer**	안심시키다(안심하다)
t	je vais	**rater**	망칠 것 같다
	un	**râteau**	갈퀴, 쇠스랑
	je vais	**rattraper**	따라잡겠다
v		**ravager**	황폐하게 하다
		ravissant	매혹적인
	un	**ravin**	골짜기, 협곡
z	(se)	**raser**	털을 깎다(면도하다)
	un	**rasoir**	면도기

ri

-	je(tu)	**ris, il rit**	나(너, 그)는 웃는다
	du	**riz**	쌀, 밥

(an)	en	riant	웃으며
(ch)		riche	부유한
	la	richesse	부유함
(d)		ridicule	웃기는
	un	rideau	커튼
(in)		rien	아무것도 없는 것
(g)	je vais	rigoler	장난치겠다
(r)		rire	웃다
(s)	je vais	risquer	위험을 무릅쓰겠다
(v)	une	rivière	강

rin

les	reins	허리
je vais	rincer	씻다, 헹구다

re

(c)	un	requin	상어
		recommander	추천하다
	il va	recommencer	그는 다시 시작할 것이다

		reconnaître	알아보다
	j'ai	recouvert	다시 덮었다
		recouvrir	다시 덮다
	il va	reculer	후퇴하려한다
(ch)	je vais	rechercher	찾아보겠다
(d)		redoutable	가공할, 두려운
(f)	un	reflet	반사광, 반영
	un	refrain	후렴
		refroidir	냉각하다
(g)	je vais	regarder	쳐다보겠다
	je vais	regretter	후회할 것이다
(j)	je vais	rejeter	거부할 것이다
		rejoindre	결합하다
(l)	(se)	relever	다시 들다(일어서다)
	une	religion	종교
(m)	(se)	remarquer	표시하다(눈에 띄다)
	un	remède	치료약
(n)	un	renard	여우
(p)	un	repas	식사

		repasser	다리미질하다
		repasser	다리미질하다
	le	repos	휴식
	(se)	reposer	쉬게하다(쉬다)
		reprendre	다시 잡다
	j'ai	repris	다시 잡았다
ⓢ		recevoir	접수하다
	une	recette	조리법, 방법
		ressembler	닮다
	il(un)	ressort	튀어 오르다, 용수철
	il	reçoit	그는 접수한다
	j'ai	reçu	내가 받았다
ⓣ	un	retard	지각, 연착
		retenir	붙잡다, 억류하다
	il	retient	그가 잡고 있다
		retirer	끌어내다
	il va	retomber	다시 떨어지려 한다
	je vais	retourner	다시 돌아가겠다
	(se)	retrouver	다시 발견하다(다시 만나다)
ⓥ	un(en)	revenant	돌아오는 사람, 돌아오며

		revenir	돌아오다
	il est	revenu	그가 돌아왔다

ré-rè

a		réaliser	실현하다
c	je vais	réclamer	요청하겠다
	je vais	récolter	수확하겠다
		récompenser	보상하다
	la	récréation	레크레이션
	un	rectangle	장방형
ch	(se)	réchauffer	데우다(따뜻해지다)
d		raide	억센, 뻣뻣한
	la	rédaction	집필, 작성
e		réel	실제의
f		réfléchir	심사숙고하다
g	une	règle	규칙
		régulièremenet	규칙적으로
i	un	rayon	광선, 반지름
j	un	régime	체제, 제도

	une	région	지역
(n)	la	reine	왕후, 여왕
(gn)	il va	régner	그가 통치할 것이다
(p)	je vais	réparer	내가 수리하겠다
	je vais	répéter	반복하겠다
		répondre	대답하다
(s)	je vais	respecter	준수하겠다
		respirer	호흡하다
	la	responsabilité	책임
	je vais	rester	남아있겠다
	un	restaurant	레스토랑
(u)	la	réunion	모임
		réussir	성공하다
(v)	un	rêve	꿈
	je vais	rêver	꿈꾸다
	le	réveil	자명종
	(se)	réveiller	깨우다(깨다)
	un	réveillon	크리스마스 이브 파티, 망년회

ro

(b)	une	robe	드레스, 원피스
	un	robinet	수도꼭지
		robuste	건장한
(ch)	un	rocher	바위
(d)	le	rodage	수습, 실습기간
(l)	un	rôle	역할
(m)		romain	로마의
	du	rhum	럼주(酒)
(s)	un	rossignol	나이팅게일
(t)	un	rôti	구운 고기
(z)	une	rose	장미
	la	rosée	이슬
	un	rosier	장미나무

roi

(-)	le	roi	왕
(i)		royal	왕의, 장엄한

	un	royaume	왕국

ron

●	c'est	rond	둥글다
ⓓ	une	ronde	순찰, 순환
ⓙ	un	rongeur	갉아먹는 동물
ⓟ		rompre	부러뜨리다, 끊다
ⓡ		ronronner	고양이가 가르릉거리다
ⓢ	des	ronces	가시덤불

rou

●	une	roue	바퀴
		roux	적갈색의
ⓙ	un	rouge-gorge	울새
		rougir	빨갛게하다, 빨개지다
	la	rougeole	홍역
ⓘ	la	rouille	금속의 녹
ⓛ	en	roulant	굴러가며
	je sais	rouler	굴릴줄 안다

		rouleau	롤러
s		rousse	적갈색의(여성형)
t	la	route	도로

ru

-	la	rue	길
b	un	ruban	리본
ch	une	ruche	꿀벌통
d		rude	거친, 투박한
e	(se)	ruer	뒷발질하다(달려가다)
i	une	ruine	폐허
		ruisseler	물이 흐르다
	un	ruisseau	시냇물

sa

-		sa(la sienne)	그의
		ça(cela)	그것
b		s'habiller	옷입다
	du	sable	모래
	un	sabot	나막신
c	un	sac	배낭, 백
	un	sacrifice	희생
j		sage	현명한
	la	sagesse	지혜
l	une	salade	샐러드
	une	salle	교실
	c'est	sale	더럽다
	c'est	salé	짜다
		salir	더럽히다
	un	salon	거실
		saluer	인사하다
m		samedi	토요일

200 II. 음운별로 하는 발음연습

		s'amuser	즐기다, 놀다
(p)	un	sapin	전나무
	il(elle)	s'appelle	그(그녀)의 이름은 …이다
(r)		s'arrêter	서다, 멈추다
(s)		s'asseoir	앉다
(t)		satisfait	만족한
(v)		ça va	ok
	un	savant	지식인
		savoir	알다
	du(un)	savon	비누

san

(-)	le	sang	피
	je(tu)	sens, il sent	느끼다, 냄새맡다
		cent	100
		sans rien	…없이
(b)		sembler	닮다
(d)	une	sandale	샌들
		sans doute	아마

	des	cendres	재
	un	cendrier	재떨이
	un	sandwich	샌드위치
f		s'enfuir	달아나다
g	un	sanglot	흐느낌, 오열
n		s'ennuyer	지루해하다
s	le	sens	의미, 방향
		sensible	감수성이 있는
t	la	santé	건강
	une	centaine	100여 개의
	un	sentier	오솔길

sé-sè

-		ces(celles, ceux-là)	지시형용사 복수형
		ses(les siens, siennes)	그의
		c'est(cela est)	…이다
	je(tu)	sais, il sait	나(너, 그)는 안다
an	une	séance	회의, 상영시간
c		sec	건조한, 마른

	la	sécurité	안전
ch	ça va	sécher	마르게 되다
j	un	séjour	체류
l		celle, celles	지시대명사
	le(du)	sel	소금
	une	selle	말의 안장
	un	céleri	샐러리
		célèbre	유명한
		célibataire	독신
m	je(il)	sème	나(그)는 씨뿌린다
	on	s'aime	서로 사랑한다
n	une	scène	장면
gn	ça va	saigner	곧 피를 보게 된다
	un	seigneur	영주, 나리
p	(se)	séparer	나누다(헤어지다)
r	il	sert(servir)	서비스한다
	il	serre(serrer)	조인다
	un	cerf (animal)	사슴
	un	cercle	서클, 원

	je vais	serrer	조이겠다
	une	série	시리즈
		sérieux	진지한
	un	serpent	뱀
		certain	확실한
		certainement	분명히
	une	serrure	자물쇠
	une	serviette	책가방, 수건
		servir	서비스하다
	un	service	서비스
	le	cerveau	뇌
	un	cerf-volant	연
S	il(ça)	cesse	중단한다
		cet	지시형용사
		cette	지시형용사
		sept	7
		c'est-à-dire	말하자면
	il	s'est	그는 …했다
		c'était	…였다

se-seu

●		ceux	지시대명사(복수형)
		ce	이…
		se	스스로를
ⓒ		ce qu'il y a	있는 것은…
	il va	secouer	흔들려한다
	un	secours	구조
	un	secret	비밀
	un	secrétaire	비서
ⓘ	le	seuil	문턱
ⓖ		second	두 번째의
	une	seconde	1초
ⓛ		cela	그것
		se laver	씻다
		se lever	일어나다
ⓜ		ce matin	오늘 아침
	je vais	semer	씨뿌리겠다
	une	semelle	바닥, 신발 안창

205

	une	semaine	1주일
(n)		ce n'est pas	…가 아니다
(p)		cependant	하지만
(r)	la	sœur	누이
	je	serai	나는 …일 것이다
	il	serait	…일 것이다
	une	cerise	체리
(s)		ceci	그것
(t)		se trouver	…에 있다

sin

(-)	un	saint	성인(聖人)
	c'est	sain(bon pour la santé)	건강한
	les	seins	젖가슴
(b)	un	symbole	심볼
(c)		cinq	5
		cinquante	50
		cinquième	5번째의
(g)		singulier	단수의

(j)	un	singe	원숭이
(n)		Saint Nicolas	성 니콜라
(p)		sympathique	동정적인
		simple	단순한
		simplement	단순하게
(s)		sincère	신실한

si

(-)		si	그렇게
	une	scie	톱
(c)	une	cicatrice	흉터
	un	cycliste	사이클선수
(e)	je vais	scier	톱질하겠다
	un	siècle	세기
	un	siège	의자
	le	ciel	하늘
	la	sienne	그의 것
(an)	les	sciences	과학
(f)	je vais	siffler	호루라기를 불겠다

g	une	cigarette	담배
in	le	sien	그의 것
l	un	cil	속눈썹
	le	silence	침묵
		silencieux	조용한
		s'il te plaît	부탁해
m	un	cimetière	공동묘지
	du	ciment	시멘트
n	le	cinéma	영화
gn	un	signe	기호
	un	cygne	백조
	un	signal	신호, 신호음
	une	signature	서명
	je vais	signer	서명하겠다
	ça	signifie	그것은 의미한다
		sinon	그렇지 않다면
r	je	cire	왁스칠한다
	du	cirage	밀납
	le	cirque	서커스

	un	circuit	회로
	la	circulation	순환
	une	sirène	사이렌
	du	sirop	시럽
s		six	6
	un	système	시스템
t	une	cité	도시, 주택단지
	je vais	citer	인용하겠다
		si tôt	그렇게 빨리
	un	citoyen	시민
	un	citron	레몬
	la	situation	상황
v		civil	시민의
z		sixième	6번째의
	des	ciseaux	가위

SO

-	un	seau(d'eau)	양동이
	le	saut(sauter)	도약

		sot(fou)	바보
	un		
c		s'occuper	…를 맡아하다
f		sauf	…를 제외하고
l	le	sol	땅
	un	saule(arbre)	버드나무
	un	soldat	군인
	le	soleil	태양
	une	solution	해결책
m	nous	sommes	우리는 …이다
	le	sommet	정상
	le	sommeil	졸음
n	je vais	sonner	벨을 울리겠다
	une	sonnette	초인종
	la	sonnerie	벨, 버저
r	je(tu)	sors, il sort	나(너, 그)는 나간다
	un	sort	운명
	la	sortie	출구, 외출
		sortir	나가다
	une	sorcière	마술사

210 II.음운별로 하는 발음연습

s	la	sauce	소스
	une	saucisse	소시지
	la	société	사회, 회사
t	je	saute	나는 뛰어오른다
	une	sotte	바보
		sautiller	깡충깡충 뛰다
	une	sauterelle	메뚜기
v		sauvage	야생의
	(se)	sauver	구하다(달아나다)

soi

-	chez	soi	자기 집에서
	la	soie	실크
	qu'il	soit	그는 …이다(접속법)
f	la	soif	갈증
m		soi-même	자기자신
gn	(se)	soigner	돌보다(스스로 돌보다)
r	le	soir	저녁
	la	soirée	저녁시간, 저녁모임

211

s		soixante	60

soin

	le	soin	배려, 신경씀

son

-		son(le sien)	그의
	le	son	소리
	eux, ils	sont	그들은 …이다
b		sombre	어두운
j	je vais	songer	생각에 잠길 것이다

sou

-		sous(en-dessous)	…밑에
c	une	soucoupe	잔받침
d	je vais	souder	용접하다
		soudain	갑자기
e	je vais	souhaiter	기원하겠다
f	il va	souffler	바람이 불 것이다

	j'ai	souffert	나는 괴로웠다
	la	souffrance	고통
		souffrir	고통받다
m	un	sous-marin	잠수함
p	la	soupe	수프
		souper	밤참을 먹다
		soupirer	한숨짓다
		souple	융통성이 있는
		soupçonner	의심하다
r	une	souris	생쥐
	un	sourire	미소
	une	source	샘, 근원
s	un	souci	걱정
t		soutenir	떠받치다
	un	souterrain	지하
v		souvent	자주
	se(un)	souvenir	기억하다, 추억

s.c

(an)	un	scandale	스캔들
(e)	un	squelette	뼈대, 해골
(i)	un	ski	스키

sp

(a)	des	spaghettis	스파게티
(e)	un	spectacle	공연
	un	spectateur	관객
		spécial	특별한
	une	spécialité	전공, 특선요리
(l)		splendide	멋진, 기막힌
(o)	le	sport	스포츠
		sportif	스포츠를 하는

st

(a)	la	station	정거장
	je vais	stationner	주차하겠다

	une	statue	동상, 상(像)
i	un	stylo	만년필
o		stop	스톱
	je vais	stopper	정지시키겠다
	un	store	블라인드, 발

su

c	du(un)	sucre	설탕
	le	succès	성공
d	le	sud	남쪽
e	je vais	suer	나는 땀이 나려한다
	la	sueur	땀
f	ça	suffit	충분하다
		suffisant	충분한
j	le	sujet	주제
p		super	특급의, 훌륭한
		supérieur	상위의
	je vais	supporter	참아내겠다
	je vais	supprimer	삭제하겠다

r			
		sur(dessus)	…의 위에
	c'est(je suis)	sûr	분명하다
		sûrement	분명히
	la	surface	표면
		surprendre	놀라게하다
	une	surprise	놀라움
		surtout	특히
	je vais	surveiller	감독하겠다

ta

b	du	tabac	담배
	une	table	테이블
	un	tablier	앞치마
	un	tableau	칠판, 회화
	un	tabouret	팔걸이, 등 없는 의자
c	je vais	taquiner	짓궂게 굴겠다
	un	taxi	택시
ch	une	tache(sale)	얼룩, 반점
	une	tâche(travail)	일, 과업
	(se)	tacher	더럽게하다(더러워지다)
	je vais	tâcher	노력하겠다
i	je vais	tailler	자르고 다듬겠다
	un	taille-crayon	연필깎이
p	le	tapage	소란, 소음
		taper	때리다
	un	tapis	양탄자
	je vais	tapisser	장식하겠다

217

r		tard	늦은
	une	tarte	과일 파이
	une	tartine	버터 바른 빵
s	une	tasse	찻잔
t		tâter	만지다

tan

-	le	temps	시간
		tant(=autant)	그렇게 많이
b	un	tambour	북
d		tant de	그만큼의
		tandis que	…인 반면
		tendre	부드러운
		tendrement	부드럽게
m		tant mieux	잘 되었다
p	la	température	기온
	la	tempête	폭풍우
		tant pis	안됐다
	un	temple	절, 사원

	je vais	tamponner	내가 틀어막겠다
t	ma	tante	아주머니
	une	tente	텐트
	je vais	tenter	시도하겠다
		tantôt	혹은
v	tu	t'en vas	너는 가버린다
z	de	temps en temps	때때로

te

	des	tenailles	집게, 못뽑이
		tenir	잡다, 지니다
	nous	tenons	우리는 갖고 있다
	la	tenue	유지, 관리, 의상

té-tè

-		tes(les tiens)	너의
	il (se)	tait	그는 조용히 한다
	du	thé	차
a	le	théâtre	연극, 극장

ⓧ	un	texte	텍스트
ⓛ	le	téléphone	전화
	je vais	téléphoner	전화하다
	c'est	téléguidé	리모트콘트롤 되었다
	un	télégramme	전보
		tellement	그렇게도
	la	télévision	TV
ⓜ	un	témoin	증인
ⓝ	le	tennis	테니스
ⓡ	la	terre	땅
	se	taire	잠자코 있다
	un	terrain	장소, 터

ti

ⓒ	un	ticket	티켓
ⓔ	un	tilleul	보리수
		tiède	미지근한
	la	tienne	너의 것(여성)
ⓖ	un	tigre	호랑이

(in)	le	tien	너의 것
	je(tu)	tiens, il tient	나(너, 그)는 잡는다
		tiens!	이런
(j)	une	tige	줄기
(m)		timide	소심한
(r)	le	tir	사격, 발포
	je vais	tirer	잡아당기겠다

tin

le	teint	염색, 얼굴빛
un	timbre	우표
une	teinte	빛깔
une	teinture	염색, 채색

to

(-)	c'est	tôt	곧, 빨리
(b)	un	toboggan	미끄럼틀
(m)	une	tomate	토마토
(n)	le	tonnerre	천둥

		tonneau	술통, 큰 통
p	une	taupe	두더지
r	il a	tort	그가 틀렸다
	un	torchon	행주
		tordre	비틀다, 짜다
	un	torrent	급류
	un	taureau	투우용 소, 황소

ton

		ton(le tien)	너의
-		ton(le tien)	너의
	du	thon	참치
	eux, ils	t'ont	그들은 너에게 …했다
b	je	tombe	나는 넘어진다
	la	tombola	복권
d	une	tondeuse	털깎는 기구, 이발기

toi

-	c'est	toi	너
	le	toit	지붕

l	une	toile	직물, 천
	la	toilette	화장, 치장
t	une	toiture	지붕

tou

-		tout	모든 것
	la	toux	기침
ch	(se)	toucher	만지다(서로 닿다)
d		tout de suite	즉시
f	une	touffe	뭉치, 타래
j		toujours	항상
l		tout le monde	모든 사람
		tous les jours	매일
p	une	toupie	팽이
r	une	tour	탑, 고층건물
	un(une)	touriste	여행자
	un(en)	tournant	전환점, 돌면서
s		tous	모든, 모든 이
		tout seul	혼자서

223

	je vais	tousser	기침할 것 같다
	la	Toussaint	만성절(11월 1일)
t		tout à coup	갑자기
		tout à fait	완전히
		tout à l'heure	곧

tr

a	un	tracteur	트랙터
	le	tram	전차
	une	trace	발자취
	le	travail	일
	je vais	travailler	일하겠다
an	je vais	trembler	떨린다
		tranquille	조용한
	une	tranche	얇게 썬 조각
	je vais	tremper	물에 적시겠다
	(se)	transformer	변형하다(바뀌다)
		transparent	투명한
e		très	매우

(e)	un	trait	특징
	je vais	traîner	이끌겠다
	un	traîneau	썰매, 운반차
	je vais	traiter	다루다
		treize	13
	un	trésor	보물
(i)	le	tribunal	법정
	je vais	tricoter	뜨개질하다
(in)	le	train	열차
(o)		trop	지나친
	une	trottinette	외발 롤러스케이트
	le	trottoir	인도, 보도
(oi)		trois	3
		troisième	3번째의
(on)	un	tronc	줄기
	(se)	tromper	속이다(틀리다)
	une	trompette	트럼펫
(ou)	un	trou	구멍
	c'est	troué	구멍뚫린

225

		tu	
-	toi	tu	너
	je(il)	tue	나(그)는 죽인다
b	un	tube	튜브
e	(se)	tuer	죽이다(죽다)
	toi,	tu es	너는 …이다
i	une	tuile	기와
	un	tuyau	파이프
l	une	tulipe	튤립
n	un	tunnel	터널

u

●	j'ai	eu	나는 가졌었다
ⓘ	de l'	huile	기름
		huit	8
	une	huître	굴, 석화
ⓜ		humain	인간적인
	l'	humeur	기분, 기질
		humide	축축한
ⓝ		une	하나의
		unique	유일한
		unir	하나로 만들다
	l'	unité	단위, 하나됨
	l'	univers	우주
	l'	université	대학

		va	
-	il	va	그는 간다
c	les	vacances	휴가, 바캉스
x	un	vaccin	백신
ch	une	vache	젖소
g	un	vagabond	방랑자
	une	vague	파도, 조류
	un	wagon	객차
i		vaillant	용감한
l	la	valeur	가치
	une	vallée	골짜기
	une	valise	여행가방
n	de la	vanille	바닐라
p	la	vapeur	증기
r		varier	변화하다
s		vaste	광활한
z	un	vase	항아리

van

● le	vent	바람
il	vend	그는 판다
ⓓ les	vendanges	포도수확
	vendredi	금요일

vé-vè

● je	vais	나는 …에 간다
ⓒ j'ai	vécu	나는 살았다
ⓘ je vais	veiller	주의하겠다
un	véhicule	교통수단
ⓙ la	végétation	식물(집합적)
ⓛ un	vélo	자전거
ⓝ de la	veine	정맥
ⓡ du(un)	verre	유리컵
c'est	vert	초록색
	vers	…를 향하여, …쯤
un	ver de terre	지렁이

il	verra	그는 알게 될 것이다
je	verrai	나는 알게 될 것이다
le	verglas	빙판
je vais	vérifier	확인하겠다
la	vérité	진실
un	verger	과수원
du	vermicelle	가는 국수
	vernir	니스칠을 하다
je vais	verser	붓겠다, 불입하겠다
ⓢ la	vaisselle	식기류
une	veste	재킷
un	vestiaire	옷 맡기는 곳
un	veston	남자 윗도리
ⓣ un	vêtement	의복
un	vétérinaire	수의사
	vêtir	옷을 입히다

ve-veu

je(tu)	veux, il veut	나(너, 그)는 바란다

230 II.음운별로 하는 발음연습

	un	vœu	바람, 기원
	une	vedette	스타
	du	velours	빌로드
		venir	오다
	du	venin	독, 독설
	je suis	venu	나는 왔다

vin

●	du	vin	포도주
ⓒ	le	vainqueur	정복자
		vaincre	이기다, 능가하다
	j'ai	vaincu	무찔렀다
ⓣ		vingt	20
	une	vingtaine	20개쯤

vi

●	la	vie	삶, 인생
	je(tu)	vis, il vit	나(너, 그)는 산다
ⓐⓝ	la	viande	고기

231

c	une	victime	희생자
	la	victoire	승리
d		vide	텅빈
	(se)	vider	비우다(비다)
eu		vieux	늙은
e	elle est	vieille	그녀는 늙었다
	la	vieillesse	노년기, 늙음
g		vigoureux	원기왕성한
in	je(tu)	viens, il vient	나(너, 그)는 온다
l	la	ville	도시
	un	village	마을
		vilain	비열한, 수치스런
n	du	vinaigre	식초
gn	une	vigne	포도나무, 포도밭
o		violent	난폭한
	la	violence	폭력
r	un	virage	방향전환
s	une	vis	나사못
	(se)	visser	나사로 고정시키다

t		vite	빨리
	la	vitesse	속도
	une	vitre	유리창, 차창
	une	vitrine	진열창
v		vivement	활발하게, 힘차게
		vivant	살아있는
z	le	visage	얼굴
	je vais	viser	겨냥하다
	une	visite	방문
	un	visiteur	방문객

von

eux, ils	vont	그들은 간다

vou

-		vous	당신
l	je(tu)	voulais	나(너)는 원하고 있었다
		vouloir	원하다
	j'ai	voulu	나는 원했다

❷		vous êtes	당신은 …이다
		VO	
➊		vos(les vôtres)	당신의
	un	veau	송아지
	cela	vaut	그것은 가치가 있다
❶	un	vol	비행, 날기, 절도
	il	vole	그는 날아간다
	la	volaille	날짐승
	un	volant	핸들
	un	voleur	도둑
	un	volet	덧문, 겉창
	une	volière	큰 새장
	la	volonté	의지, 의도
		voltiger	날아다니다
❶	je vais	voter	투표하겠다
		votre	당신의
	le, la	vôtre	당신의 것

vr

c'est	vrai	사실이다
	vraiment	정말로

voi

je(tu)	vois, il voit	나(너, 그)는 본다
la	voix	목소리
une	voie(chemin)	길
un	voyage	여행
je vais	voyager	여행하겠다
un	voyageur	여행자
nous	voyons	우리는 본다
en	voyant	보면서
un(une)	voile	장막, 돛
	voilà	자 여기 …있다
un	voilier	범선
	voir	보다
une	voiture	승용차

㉜	le	voisin	이웃
		vu	
	j'ai	vu	나는 보았다
	la	vue	시야

wa

-	une	oie	기러기, 거위
g	un	wagon	기차의 차량
t	de la	ouate	솜, 탈지면
z	un	oiseau	새

wé-wè

	l'	ouest	서쪽

wi

-		oui	네
c	le	week-end	주말
l	de l'	huile	기름
s	du	whisky	위스키
t		huit	8
	une	huître	굴, 석화

Z

(e)	je les	ai	나는 그것들을 갖고 있다
	un	zèbre	얼룩말
		zéro	0
(an)	les	enfants	어린이들
(eu)	des	œufs	계란들
(i)	les	yeux	눈
	un	zigzag	지그재그
(in)	du	zinc	아연(금속), 작은 카페
(o)	un	zoo	동물원
	une	zone	지역, 존

음성기호 발음연습

III

lɛtrə d ãri

1. mɔ̃ ʃɛr ami,
2. vwala œ̃ bɔ̃ mɔmɑ̃ / kə ʒ n e y d te nuvɛl.
3. ʒ ɛspɛːr kə ty va bjɛ̃ / e k ty n m ubli pa.

Lettre d'Henry

1. Mon cher ami,
2. Voilà un bon moment que je n'ai eu de tes nouvelles.
3. J'espère que tu vas bien et que tu ne m'oublies pas.

앙리의 편지

❶ 사랑하는 친구에게,
❷ 정말 너의 소식을 들은 지가 오래되었다.
❸ 네가 잘 지내고 나를 잊지 않기를 바란다.

4. kɑ̃t a mwa, / ʒə m pɔrt a mɛrvɛːj, / e ʒ sɥi trɛ kɔ̃tɑ̃
5. kar ʒ e bjɛ̃ reysi mɔ̃n egzamɛ̃, / e me parɑ̃ / sɔ̃t ɑ̃ʃːɑ̃te.
6. pur mə rekɔ̃pɑ̃se, / mɔ̃ pɛːr m ɔfrə kɛlkʃoːz / də pa banal.

---

4. Quant à moi, je me porte à merveille, et je suis très content.
5. Car j'ai bien réussi mon examen, et mes parents sont enchantés.
6. Pour me récompenser, mon père m'offre quelque chose de pas banale

❹ 나는 아주 잘 지내고 있고, 대단히 기쁜 일이 있다.
❺ 시험에 좋은 성적으로 합격해서 부모님이 기뻐하시기 때문이다.
❻ 시험을 잘 친 대가로 아버지께서 나에게 특별한 상을 주셨다.

7. il m a dɔne la pɛrmisjɔ̃ / də vnir pase / katr u sɛ̃ mwa ɑ̃ frɑ̃ːs, / e il a mi a ma dispozisjɔ̃ / la sɔm də si mil øro

8. ty pɑ̃ːs si ʒ sɥi kɔ̃tɑ̃ !

9. vwajaʒe, / s ɛ mɔ̃ bɔnœːr, / e vwajaʒe ɑ̃ frɑ̃ːs, / s ɛt œ̃ rɛːv.

7. Il m'a donné la permission de venir passer quatre ou cinq mois en France, et il a mis à ma disposition la somme de 6000(six mille) euros.

8. Tu pense si je suis content!

9. Voyager, c'est mon bonheur, et voyager en France, c'est un rêve.

❼ 아버지는 내가 프랑스에 가서 5-6개월을 지내도록 허락하시고 6천 유로를 내게 주셨다.

❽ 내가 얼마나 기뻐하고 있는지 너도 알겠지!

❾ 여행을 떠난다는 것은 나의 기쁨이고, 프랑스에 여행한다는 것은 꿈이었다.

10. me n t imaʒin pa / kə ʒə n pɑ̃:s / k a m amyze.
11. o kɔ̃trɛ:r, / ʒə pɑ̃s syrtu / a s kə ʒ pure aprɑ̃:dr, / e a pɛrdrə lə mwɛ d tɑ̃ pɔsibl.
12. ʒə vudrɛ m pɛrfɛksjɔne / dɑ̃ vɔtrə bɛl lɑ̃:g, / ki ɛ / kɔm ty se / mɔ̃n etyd prefere ; / e pɥi osi / aprɑ̃:dr a kɔnɛ:tr œ̃ pø / la bɛl frɑ̃:s.

10. Mais ne t'imagine pas que je ne pense qu'à m'amuser.
11. Au contraire, je pense surtout à ce que je pourrai apprendre, et à perdre le moins de temps possible.
12. Je voudrais me perfectionner dans votre belle langue, qui est comme tu sais mon étude préférée; et puis aussi apprendre à connaître un peu la belle France.

⑩ 그러나 내가 즐길 생각만 한다고 상상하지는 말아라.
⑪ 오히려 나는 무엇보다도 공부할 일을 생각하며, 될 수 있는 대로 시간을 허비하지 않을 생각이다.
⑫ 나는 너희들의 아름다운 말을 완벽하게 익히고 싶은데, 너도 알다시피 프랑스어는 내가 좋아하는 과목이다. 그리고 아름다운 프랑스를 더욱 더 잘 알고 싶다.

13. ʒə pɑ̃s seʒurne / dø mwa a pari, / e ɑ̃sɥit / vwajaʒe œ̃ pø.
14. ʒə kɔ̃t syr twa / pur mə dɔne kɛlk rɑ̃seɲmɑ̃ / e m pilɔte œ̃ pø.
15. pur kɔmɑ̃se / pø ty m ɛ̃dike yn fami:j / sɛ:pl e trɑ̃kil / u ʒ purɛ prɑ̃d pɑ̃sjɔ̃ / pɑ̃dɑ̃ le mwa d mɛ / e d ʒɥɛ̃?

13. Je pense séjourner deux mois à Paris, et ensuite voyager un peu.
14. Je compte sur toi pour me donner quelques renseignements et me piloter un peu.
15. Pour commencer peux-tu m'indiquer une famille simple et tranquille où je pourrais prendre pension pendant les mois de mai et de juin?

❸ 나는 빠리에서 두 달을 지내고, 그 다음에는 여행을 조금 할 생각이다.
❹ 나는 너만 믿으니까 나에게 예비지식을 주고 안내를 해 주면 좋겠다.
❺ 우선 5월과 6월 두 달 동안 숙식할 수 있는 조용하고 단출한 가정을 소개해 주기 바란다.

16. ty se k ʒə n sɥi pa difisil, / me ʒ ɛmrɛ avwar yn ʃɑ̃:brə pur mwa sœl.
17. ɛs k ɔ̃ m prɑ̃drɛ / pur mil øro par mwa / tu kɔ̃pri?
18. ʒ arivre a pari / a la gɑ:r də l ɛst, / mardi l sɛ̃ mɛ, / a siz œ:r dy matɛ̃.
19. a bjɛ̃to l plezi:r də t vwa:r

                           tɔ̃n ami, ɑ̃ri.

16. Tu sais que je ne suis pas difficile, mais j'aimerais avoir une chambre pour moi seul.
17. Est-ce qu'on me prendrait pour 1000 (mille) euros par mois tout compris?
18. J'arriverai à Paris à la gare de l'est, mardi le 5 mai, à six heures du matin.
19. A bientôt le plaisir de te voir!

                           ton ami Henry

⑯ 내가 까다롭지 않은 것은 너도 알지만, 방은 혼자 쓰고 싶다.
⑰ 모든 것을 포함해서 한 달에 1000유로면 될까?
⑱ 나는 5월 5일 화요일 아침 여섯시에 빠리 동역에 도착할 것이다.
⑲ 그러면 곧 반갑게 만나자!

                           너의 친구 앙리

repɔːs / də ʒɑ̃ lə frɑ̃.

1. bjɛ̃ ʃɛːr,
2. ta lɛtrə m a̦ fɛ bjɛ̃ pleziːr.
3. mwa osi / ʒə sre bjɛ̃ kɔ̃tɑ̃ d tə rvwaːr

Réponse de Jean Lefranc.

1. Bien cher,
2. Ta lettre m'a fait bien plaisir.
3. Moi aussi je serai bien content de te revoir.

장 르프랑의 답장

❶ 친애하는 친구
❷ 네 편지를 받고 대단히 반가웠다.
❸ 나 역시 너를 다시 만나면 정말 기쁘겠다.

4. nuz ɔrɔ̃ bːoku d ʃoːz / a nu diːr / aprɛ si lɔ̃tɑ̃.
5. pur lɛ̃stɑ̃ / ʒ vø m bɔrne / a repɔ̃ːdr a te kɛstjɔ̃.
6. ty a parfɛtmɑ̃ rɛzɔ̃ / də vulwar tə mɛtrə dɑ̃z yn famiːj.

4. Nous aurons beaucoup de choses à nous dire après si longtemps.
5. Pour l'instant, je veux me borner à repondre à tes questions.
6. Tu as parfaitement raison de vouloir te mettre dans une famille.

❹ 오랜만이라 우리는 할 얘기가 무척 많을거야.
❺ 우선 네 질문에 답을 하도록 할게.
❻ 프랑스 가정에서 숙식하려는 것은 아주 잘 생각한 일이다.

7. s ɛ lbɔ̃ mwajɛ̃, / s ɛ mɛm lə sœl mwajɛ̃, / d etydje serjøzmã la lã:g frãsɛ:z, / e osi / d aprã:dr a kɔnɛ:trə la vi frãsɛ:z.
8. ʒə t kɔ̃sɛjrɛ mɛ:m / də t plase plyto / ã dəɔ:r də pari, / dã lez ãvirɔ̃, / e d u sɛ fasil d arive o sã:tr, / kar le kɔmynikasjɔ̃ / sɔ̃ nɔ̃brø:z.
9. me si ty vø t truve dãz yn bɔn fami:j / e dã de kɔ̃di'sjɔ̃ agreabl, / la sɔm kə ty mãsjɔn, / mil øro, / ɛt ɛ̃syfizã:t.

7. C'est le bon moyen, c'est même le seul moyen, d'étudier sérieusement la langue française, et aussi d'apprendre à connaître la vie française.
8. Je te conseillerais même de te placer plutôt en dehors de Paris, dans les environs, où c'est facile d'arriver au centre, car les communications sont nombreuses.
9. Mais si tu veux te trouver dans une bonne famille et dans des conditions agréables, la somme que tu mentionnes, 1000(mille) euros est insuffisante.

❼ 프랑스어를 잘 배우고 프랑스의 생활을 알려고 한다면 그것이 제일 좋은 방법이고 또 유일한 방법이지.
❽ 나는 차라리 네가 빠리 근교에 자리 잡기를 권하는데 교통이 편리해서 중심가에 다니기도 편리하지.
❾ 그런데 알맞은 조건으로 괜찮은 가정에 들어가려면 네가 제시한 1000 유로로는 부족하다.

10. il fo kɔ̃te o mwɛ̃ mil dø sɑ̃ øro, / kar la vi ɛ ʃɛːr / a pari / e dɑ̃ lez ɑ̃virɔ̃.
11. dy rɛst, / ty frɛ bjɛ̃ d desɑ̃ːdr a l ɔtɛl / ɑ̃n arivɑ̃ a pari ; / pɥi / vjɛ̃ m vwaːr.
12. ʒ tə dɔnre plyzjœrz adrɛs, / e ty ira vwaːr twamɛːm

10. Il faut compter au moins 1200(mille deux cents) euros car la vie est chère à Paris et dans les environs.
11. Du reste, tu ferais bien de descendre à l'hôtel en arrivant à Paris; puis viens me voir.
12. Je te donnerai plusieurs adresses, et tu iras voir toi-même.

❿ 빠리와 그 근교에서는 생활비가 비싸서 적어도 1200유로는 생각해야 된다.
⓫ 그 밖에, 빠리에 도착하면서 호텔에 드는 것이 좋을 것이고 그리고 나를 보러 와라.
⓬ 내가 여러 곳의 주소를 줄테니 네가 직접 보러 가도록 해라.

13. kɔm sa, / ty pura d abɔːr / tə rɑ̃drə kɔ̃ːt də s k ɔ̃ t ɔfr, / e pɥi t deside / səlɔ̃ te gu.
14. bjɛ̃ de ʃoːz də ma paːr / a te parɑ̃
15. a bjɛ̃to.

     tɔ̃n ami,

      ʒɑ̃

---

13. Comme ça, tu pourras d'abord te rendre compte de ce qu'on t'offre, et puis te décider selon tes goûts.
14. Bien des choses de ma part à tes parents.
15. A bientôt.

     ton ami

     Jean

❸ 그렇게 해서 우선 어떤 제안들이 있는지 알게 될 것이고 다음에 네 취향에 맞게 결정하면 된다.

❹ 부모님께 내 안부 전해다오.

❺ 곧 만나게 되길 바라며.

     너의 친구

      장

[부록]

빈도 높은 130단어

(130 mots usuels)

A
1 (il)a, (tu)as, à
2 ailleurs
3 alors
4 après
5 assez
6 avant
7 avec

B
8 bien
9 bientôt
10 beaucoup

C
11 combien
12 comme
13 comment
14 contre

CH
15 chez
16 cher, chère

D
17 d'abord
18 dans
19 dedans
20 des
21 déjà
22 demain
23 dehors
24 depuis
25 derrière
26 dessus
27 dessous
28 devant

É-È
29 et
30 (il) est

EU
31 eux

AN
32 en
33 encore
34 en face
35 enfin
36 entre

F
37 fois

I
38 il (lui)
39 ils (eux)
40 il y a
41 il y avait
42 hier
43 ici

IN
44 ainsi

J
45 jamais
46 j'avais
47 j'ai

48 je l'ai
49 je les ai
50 j'aurai
51 jusque
52 jusqu'à

L
53 le, la, les, l'
54 lui
55 leur, leurs
56 lorsque
57 lorsqu'il

M
58 mon, ma, mes
59 (il) m'a
60 (ils) m'ont
61 même
62 maintenant
63 mieux
64 moi, un mois
65 moins

N
66 non (oui)
67 nous

O
68 au, aux
69 aujourd'hui
70 aussi
71 autant

ON
72 (ils) ont

73 on

OU
74 ou(bien)
75 où?

P
76 par
77 parfois
78 parce que
79 partout
80 peu, un peu
81 peut-être
82 pendant (que)
83 plus
84 plusieurs
85 pour
86 pourquoi
87 pourtant
88 près (de)
89 presque
90 puis, et puis
91 puisque

QU
92 quand
93 que
94 qui
95 quelque(s)
96 quelquefois
97 quelqu'un
98 quoi

R
99 rien

S
100 son, sa, ses
101 ces, ceux-là
102 c'est, c'était
103 (il) s'est
104 (il) s'était
105 celui
106 celui-ci, celui-là
107 ça, cela
108 (il) se···
109 ce···
110 sans(rien)
111 sous
112 souvent
113 (nous) sommes
114 sur
115 surtout

T
116 ton, ta, tes
117 (il) t'a
118 (ils) t'ont
119 tard
120 tant (de)
121 tantôt
122 tout, tous
123 tout à fait
124 tout à coup
125 tout à l'heure
126 toujours
127 très

V
128 vers
129 voici
130 vous

Les nombres en lettres

0 zéro
1 un
2 deux
3 trois
4 quatre
5 cinq
6 six
7 sept
8 huit
9 neuf
10 dix

11 onze
12 douze
13 treize
14 quatorze
15 quinze
16 seize
17 dix-sept
18 dix-huit
19 dix-neuf

20 vingt
30 trente
40 quarante
50 cinquante
60 soixante
70 soixante-dix
80 quatre-vingts
90 quatre-vingt-dix

100 cent
200 deux cents
300 trois cents

1.000 mille
2.000 deux mille
10.000 dix mille

1.000.000 un million
2.000.000 deux millions

1.000.000.000 un milliard
3.000.000.000 trois milliards

21 vingt et un
34 trente-quatre
48 quarante-huit
52 cinquante-deux
76 soixante-seize
82 quatre-vingt-deux

120 cent vingt
315 trois cent quinze

1981 mille neuf cent quatre-vingt-un

김진수(金眞秀)
Paris-Sorbonne 대학 언어학 박사
교육 방송 TV 프랑스어 진행(1991년~1994년)
공보처 해외공보관 전문위원
現 서경대학교 불어과 교수
저서로는 『New Start 프랑스어 첫걸음』, 『커뮤니케이션 프랑스어』, 『프랑스어 문법』, 『프랑스어 강의 1, 2, 3』, 『신바람 독학 프랑스어 첫걸음』, 『초급 프랑스어』, 『중급 프랑스어』, 『고급 프랑스어』, 『기초 프랑스어 회화』, 『여행하며 즐기는 프랑스어 회화』, 『E-메일 프랑스어』, 『프랑스어 문장연습』, 『프랑스어 어휘연구』, 『프랑스어 작문연구』, 『프랑스어 숙어연구』, 『프랑스어 필수어휘 사전』, 『프랑스어 발음연습』, 『프랑스어 동사변화 & 문법 총정리』(이상 삼지사 刊), 『EBS 프랑스어』(한국교육개발원), 『Le traitement des adjectifs qualificatifs dans les dictionnaires bilingues』(Presses de l'univ. Paris-Sorbonne) 외 다수가 있다.

프랑스어 발음연습

발 행 2012년 4월 10일
저 자 김진수
발행처 삼지사
발행인 이재명

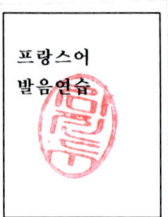

등록번호 제406-2011-000021호
주 소 경기도 파주시 산남동 316번지
Tel 031)948-4502, 070-4273-4562 Fax 031)948-4508
홈페이지 www.samjisa.com

정가 12,000원(MP3 CD포함)

이 책의 내용을 전재 및 무단 복제할 경우 법적인 제재를 받게 됩니다.
잘못된 책은 구입하신 서점에서 교환해 드립니다.